Ⓢ新潮新書

関 裕二
SEKI Yuji

神武天皇vs.卑弥呼

ヤマト建国を推理する

763

新潮社

はじめに

日本の成り立ち、ヤマト建国の真相を、日本人は知らない。歴史の教科書を見れば分かる。肝心要の、「どうやって日本が生まれたのか」が、明示されていない。物的証拠はそろいつつあるのに、建国の物語が描けないでいる。果たしてこれでよいのだろうか。

日本人は「日本人論が好き」といわれているが、要は日本のはじまりと日本の王（天皇）の正体が分かっていないから、堂々めぐりをくり返しているのだ。根っこが定まらないまま歴史観をいくら積みあげても、いずれ崩れてしまうだけなのに。

そもそも日本人がどのような信仰を継承してきたのか、その知識もないし、納得できる説明を誰も受けていないはずだ。これも、ヤマト建国と天皇について知らないから起きる現象ではなかろうか。これから触れていくように、ヤマト建国の時完成していた統治システムに、「信仰」と「祭祀《さいし》」は、巧妙に組みこまれていた。神祇《じんぎ》祭祀、いわゆる神道は、ヤマト建国とともに整い、体系化され、日本人の信仰の基礎は固まった。だからこそ、ヤマト建国の謎を、放置するわけにはいかないのである。

古代史論議の迷走

ならば、どうやってヤマト建国の真相と天皇の正体を明かすことができるだろう。「そんなことは、無理に決まっている」と、多くの人があきらめているのではないだろうか。古代史を学べば学ぶほど、深い謎に突き当たってしまうからだ。

けれども、たじろぐことはない。まず、謎が解けない原因を、明らかにすればいいのだ。

戦後、考古学が進展し多くの物証が集まったにもかかわらず、古代史論議は迷走を続けている。その理由は、神話を無視し、『日本書紀』の古い時代の記事を軽視してしまったからだ。「神話や五世紀までの歴史は、王家（天皇家）の祖を美化し、王家を礼讃するために描かれたお伽話にすぎず、歴史とみなすことはできない」という常識が蔓延していた。古い時代の歴史記述は、矛盾と誇張が多いため、あてにならないと蔑ろにされてきた。『日本書紀』が編まれた八世紀初頭の段階で正確な歴史は霧散していて、少ない材料を寄せ集めたのだろうと決め付けてしまったのだ。

しかし、これが大きな間違いだった。史学者は『日本書紀』編者の「歴史家としての良心」を過大評価していたのではあるまいか。『日本書紀』が歴史をねじ曲げてしまった可能性に、無頓着だった。

『日本書紀』編者に、歴史改竄の動機ならあった。『日本書紀』編纂時、実権を握っていたのは藤原氏で、ヤマト建国当時から政権を支えてきた豪族たちを蹴落とし、粛清した。だから自家の正当性を証明するために、「輝かしい名門豪族たちの歴史」は邪魔になり、ヤマト建国に遡って、真実を抹殺してしまった可能性が高い。

「歴史」は、国や権力の発生とともに生まれる。勝者は自身の正統性と正当性を高らかに謳い上げ、敗れた者どもは、勝者に対する憎しみを執念で語り継ぐ。『日本書紀』が「当時のことはよくわからない」と白を切ったのならば、事実の隠滅、捏造、改竄を疑うべきだった。

ヤマト建国直前の日本列島の様子を、中国の歴史書は「倭国大乱」と記録している。殺しあい、恨みつらみは募っていったはずだ。その結果ヤマトが生まれたのならば、すでに「歴史」は始まっていたのだ。

『日本書紀』は、何かを隠そうと必死だったのだろう。けれども、完全犯罪は成立せず、すべてを抹殺することもできなかったはずだ。つまり、『日本書紀』のウソの中に、歴史を解き明かすヒントが隠されていたのである。

考古学と文献学

ならば、どうやって真相を暴いていくことができるのだろう。まずここで、ヤマト建国の歴史を、史学者たちが、どう考えているのか、どのように解き明かそうとしているのかを、知っておく必要がある。

考古学の進展や新しい技術の採用によって、かつての古代史の常識は、通用しなくなってきた。たとえば、炭素14年代法（放射性炭素年代測定法）がある。炭素14年代法とは、有機物に含まれる炭素14が五千七百三十年で半減する性質を利用して、遺物や遺跡の絶対年代を計る技術だ。かつて、縄文時代と弥生時代のはじまりは、それぞれ約一万年前、紀元前五〇〇年頃と考えられていたが、炭素14年代法によって、縄文時代は一万五千年前、弥生時代は紀元前十世紀後半に始まると考えられるようになった。縄文時代は狩猟採集を中心とする新石器時代で、弥生時代は稲作と金属器の時代だ。弥生時代の開始が五百年ほど古くなったことで、北部九州にもたらされた稲作が、「あっという間に広まり席巻していった」というかつての常識は改められた。渡来人が先住民を圧倒したわけではなく、先住民が稲作を選択していったと考えられるようになったのである。

考古学は、ヤマト建国の経過もある程度明らかにしている。弥生時代中期以降、農業が発展し、地域ごとに連合体（国）を形成し、小競り合いをくり返した。そして三世紀初頭、忽然と人びとがヤマト（のちの大和国《やまとのくに》、奈良県）の纒向《まきむく》（桜井市）に集まって、政治と宗教に特化された都市が出現した。三世紀後半から四世紀にかけてヤマト政権が誕生し、東北北部を除く広域流通ネットワークが構築された。前方後円墳という埋葬文化を各地の首長が受け入れ、先進の文物をヤマトの王が分配する、ゆるやかなつながりの政権が形づくられていったのだ。これを、仮に「ヤマト政権」と呼ぶことにする。中央集権国家ではないため、「朝廷」とは、呼べなくなってきている。

これが、考古学の最新の考えである。だが、これだけ多くの材料が用意されているのに、ヤマト建国の歴史はいまだに謎だらけなのだ。その理由はふたつある。第一に、学問の蛸壺化も手伝い、文献史学が、考古学の領域に踏み込むことを躊躇していることだ。なるべく、お互いの研究に口を挟まない、立ち入らないという暗黙の了解と紳士協定のようなものがある。だから、考古学と文献学をまとめて総合的に語られることが、ほとんどない。そして第二に、史学者が『日本書紀』の神話や神武《じんむ》東征説話を無視していることだ。それだけならまだしも、ヤマト建国黎明期の説話の中に、六世紀から八世紀の大王《おおきみ》（天皇）たちをモデルにして創作された話も紛れ込んでいるという。

大事なのは邪馬台国ではない

こうして、『日本書紀』のヤマト建国をめぐる記事は軽視されるようになった。その代わり、有名な邪馬台国の卑弥呼《ひみこ》が登場する中国の「魏志倭人伝《ぎしわじんでん》」を重視するようになったのだ。

「魏志倭人伝」を信じれば、二世紀後半から三世紀にかけて、日本列島のどこかに邪馬台国は存在したはずなのだ。しかし、困ったことに、邪馬台国に至る道のりが、あいまいでよく分からない。そのため、邪馬台国北部九州説と畿内（ヤマト）説に分かれて所在地論戦が始まったわけだ。

かつて、北部九州説が優勢だったころは、朝鮮半島から押しかけてきた人びとが北部九州で富を蓄え、強大な軍事力を擁して東を制圧したと信じられていた。いわゆる邪馬台国東遷論だ。しかし、纒向遺跡の様子が明確になってくると、この推理はむずかしくなってきた。ヤマト建国の地に、九州の影響はほとんどみられないからだ。ならば畿内説で決まったのかといえば、少し時代にズレが生まれてしまう。邪馬台国は二世紀後半にはすでに存在したが、纒向が出現したのは、三世紀初頭のことだ。邪馬台国にはあったはずの城柵などの施設が、纒向にはないという矛盾もある。

邪馬台国論争は、決定的な証拠がみつからないまま、迷宮入りしつつあるが、それでも史学者たちは、「邪馬台国問題が解決すれば、ヤマト建国の真相もはっきりする」と執念を燃やし続ける。しかしこれは、本末転倒ではなかろうか。「本当に知りたいのは邪馬台国ではなく、ヤマト建国」ではないのか。ヤマト建国の経過がはっきりとわかれば、天皇の正体が明らかになり、自ずと邪馬台国の謎も解明できると思う。解読不可能な「魏志倭人伝」の邪馬台国行程記事に拘泥するのは、時間の無駄である。

やはり、『日本書紀』をどう読み解くかが、大きな課題となってくる。文献史学が「でたらめ」と捨ててしまった古い時代の記述の中に、ヒントは隠されていないだろうか。『日本書紀』は歴史を隠蔽し、改竄していたと考えれば、神話でさえも軽々しく扱うことはできなくなるはずなのだ。

神武天皇と「海神」の関係

もうひとつ大切なのは、神話と歴史時代の架け橋となった神武天皇の正体を明かすことだと思う。『日本書紀』が歴史を捏造するにあたってもっとも苦心したのが、初代王にまつわる記述だろう。ただし、これまでの固定観念に縛られていては、いつまでたっても、真実は見えてこない。

たとえば天皇は、北部九州からやってきてヤマトを征服した稲作民の王と信じられてきた。しかし、神武天皇の祖父は「山幸彦《やまさちひこ》」（けっして稲作民ではない）で、母（玉依《たまより》姫《ひめ》）と祖母（豊玉姫《とよたまひめ》）はどちらも海神《わたつみ》の娘だった。彼女たちは弥生時代後期の倭（日本）を代表する奴国《なこく》（福岡市周辺）の海人《あま》・阿曇《あずみ》氏と強くつながっていた。「海人」とは、海に潜り貝を採り、船に乗って漁をし、外洋に飛び出して交易を行った人びとだ。また、神武天皇がヤマトに建てた橿原宮《かしはらのみや》（奈良県橿原市）のまわりを、九州の海人たちが守っていた。しかも彼らは縄文の文化を継承した人たちだった。これはいったい、どういうことだろう。なぜ神武天皇を縄文系の海人が取り囲んでいたのか……。

解けないように細工された謎でも、たったひとつのほころびから、すべてが明解になることがある。

本著は、ヤマト建国の真相、ヤマトの王の正体、そして日本の歴史の根幹を、大きな仮説を用意して明らかにしようとする試みである。その仮説とは、「王家の母系の祖は縄文の海人の末裔」であり、また「神武天皇は疫神《えきじん》を退治する役割を期待されて九州から連れて来られた」というものだ。

これまで、ヤマト建国の物語を構築できず、邪馬台国論争も、迷宮入りしたままだったが、新たな仮説を当てはめるだけで、矛盾のない建国のストーリーが描けてしまう……。ほとんど注目されてこなかった縄文の海人たちと天皇家の秘密を追い、ヤマト建国の真相、ヤマトの王の正体、そして、日本の歴史の根幹を、明らかにしてみせよう。

なお、本書のタイトルは、邪馬台国との葛藤の末に生まれた、ヤマトの数奇な建国史を示したつもりである。神武天皇と卑弥呼が実際に戦闘したと主張しているわけではないことを、あらかじめお断りしておきたい。

神武天皇vs.卑弥呼——ヤマト建国を推理する　目次

第一章　ヤマト建国三つの奇跡

なぜか『日本書紀』で無視された重要地域

ヤマト建国は三世紀後半から四世紀に起きた歴史的大事件だが、迷宮入り事件でもある（ちなみに、太古の日本列島の住民を中国の人びとは「倭人《わじん》」と呼び、倭国の中心がヤマトと認識されていたようだ。いつしか「ヤマト」は日本そのものを指すようになり、「倭（大倭）」「日本」と書いて「ヤマト」と読んだ。畿内の地域にちなむ「大和」は、八世紀半ば以降使われるようになった。そこで、現在の日本国につながる国家のことは「倭」「大倭」「日本」「大和」ではなく、以下「ヤマト」と表記する）。

ヤマト建国にまつわる考古学の「物証」はほぼ上がっていて、何が起きていたのか、いつごろ建国されたのか、おおよそ推理できるようになった。三世紀から四世紀にかけて、奈良盆地の東南の隅、三輪山《みわやま》山麓の扇状地に、宗教と政治に特化された人工都市・纒向が出現していたのだ。この遺跡の中で前方後円墳が誕生し、各地の首長がこの新しい埋葬文化を受け入れ、ゆるやかな紐帯の国の枠組みが生まれたのである。

ただ、具体的に「誰が、どのようにして、何のためにヤマトをうち立てたのか」、その物語が描けないでいる。『日本書紀』に記されたヤマト建国の歴史が、矛盾と誇張に溢れ、神話の域を出ていないため、信用できない。だから、史学者は、『日本書紀』の古い時代の記事を、軽視した。もちろんこれでは、ヤマト建国の歴史は考古学の「物証」「現象」を並べるだけで終わってしまう。

しかし、考古学が揃えてくれた材料と『日本書紀』の記述を比べてみることで、少しずつ謎は解けてくるはずだ。たとえば『日本書紀』の記事が矛盾に満ちて不自然なのは、「意図的にやっているのではないか」と思えてくるのだ。ヤマト建国を刑事ドラマに置き換えるならば、敏腕デカは腕組みをしながら、こう呟くはずだ。

「ヤマト建国の中心勢力となった地域が物証から次第に明らかになってきたが、『日本書紀』は、彼らをピンポイントで無視している。これは、かえって怪しい」

つまり『日本書紀』編者は、事件の真相を知っていたからこそ、ヤマト建国の当事者たちを抹殺したのではあるまいか……。

纒向遺跡には、国内の他地域から人びとが集まりヤマト建国に貢献していたことがわかっている。いわゆる「外来系の土器」の数が判明していて（全体の一五〜三〇％）、その内訳は具体的には次の割合だ。

東海四九％、山陰・北陸一七％、河内一〇％、吉備七％、関東五％、近江五％、西部瀬戸内三％、播磨三％、紀伊一％

ところが『日本書紀』は、神話とヤマト建国説話の中で、これらの地域をほぼ無視している。

ヤマト建国に至る『日本書紀』の「説明」は、おおよそ次のようになる。

天上界（高天原《たかまがはら》）のタカミムスヒ（高皇産霊尊《たかみむすひのみこと》）は葦原中国《あしはらのなかつくに》（地上界）の支配を目論み、使者を送り、出雲の神々に国譲りを迫った。邪魔者を追い払うと、今度はアマテラス（天照大神）との間の孫・ニニギ（天津彦彦火瓊瓊杵尊《あまつひこひこほのににぎのみこと》）を真床追衾《まとこおうふすま》（玉座をおおう衾、ふとん。胞衣《えな》、胎盤と解釈されてもいる）に包んで地上界に降ろした。これがいわゆる天孫降臨だ。高千穂峰《たかちほのたけ》（宮崎県と鹿児島県の県境の高千穂峰と宮崎県西臼杵郡高千穂町の二説あり）に降り立った天皇家の祖神は、南部九州の日向《ひむか》（宮崎県と鹿児島県の一部）で代を重ねる。ニニギの子が海幸《うみさち》・山幸《やまさち》神話の山幸彦（彦火火出見尊《ひこほほでみのみこと》）で、その子がウガヤフキアエズ（彦波瀲武鸕鷀草葺不合尊《ひこなぎさたけうがやふきあえずのみこと》）、孫が神武天皇（神日本磐余彦《かむやまといわれびこ》）だ。

神武は東に都にふさわしい土地があることを知り、奈良盆地（ヤマト）入りを目論むが、生《い》駒《こま》山（大阪府と奈良県の境）で先住のナガスネビコ（長髄彦）の激しい抵抗に遭い、やむなく紀伊半島に迂回し、ようやく奈良盆地を制圧した。

この一連の説話の舞台となったのは、出雲、南部九州（日向）、紀伊半島、そして奈良盆地だ。纒向遺跡を盛り立てた地域の中で登場するのは出雲だけで、その他は無視されている。また、弥生時代から日本の最先端地域だった北部九州も、なぜか登場しない。これは、不自然きわまりない。

今まで、ほとんど注目されてこなかったが、重要な地域だけがきれいに消し去られていたわけで、どうにもひっかかる。『日本書紀』編者は、弥生時代後期からヤマト建国に至る歴史を知っていたからこそ、重要な場所を歴史から葬り去ったのではあるまいか。

一気に収まった泥沼の動乱

『日本書紀』が何を隠したのか、それを知るためにも、まずこの章では、考古学が示すヤマト建国の道筋を紹介しておきたい。

かつては、北部九州に生まれた強大な勢力が東に移動し、奈良盆地を制圧し、ヤマト建国が成し遂げられたと信じられていた。しかし、もはやこの常識は通用しない。ヤマト建国当時、文物は九州から東に流れていなかったし、強大な勢力による征服戦も想定不可能になった。

それだけではない。ヤマト建国は、いくつもの奇跡の積み重ねの上に成し遂げられていたことが、明らかになってきた。摩訶不思議な出来事の連続だったのだ。

その奇跡のひとつひとつを、まず個条書きしてみよう。

（1）弥生時代後期の泥沼の動乱の時代が、ヤマト建国によって一気に収まった。しかも、奈良盆地周辺に戦いの痕跡が見当たらない。
（2）弥生時代後期にもっとも鉄器を保有していたのは北部九州で、奈良盆地は過疎地帯だった。それにもかかわらず、三世紀初頭、奈良盆地に一気に人々が集まり、建国の気運は高まった。しかも北部九州は出遅れてしまった。
（3）ヤマトの王に強い権力は与えられず、各地の首長層によるゆるやかな連合体が生まれた。

これをまとめると、「戦乱の時代、富も力も無い奈良盆地に一気に人びとが集まり、それまでの周囲の混乱を平和的に解決してしまった」ということになる。しかも、独裁権力を握った強い王も生まれなかったのである。なぜ、このような摩訶不思議な事件が起きていたのだろう。そこで、三つの項目のひとつずつを、詳しく見ていこう。

まず（1）の奇跡だ。泥沼の動乱とは何か。なぜ、戦乱が一気に収まったのか、当時の東アジア情勢から説明していこう。

「魏志倭人伝」には、卑弥呼が立てられる直前、七十年から八十年、倭国は乱れ、相攻《あいこう》伐《ばつ》したとある。二世紀半ばから後半にかけてのことだ。考古学的には、ヤマト建国（古墳時代の始まり）直前の弥生時代後期にあたる。

『後漢書《ごかんじょ》』倭伝《わでん》にも記事がある。「桓霊《かんれい》の間（一四六〜一八九）、倭国は大いに乱れ、相攻伐した」とある。これがいわゆる「倭国大乱」で、遠因を探っていくと後漢の衰退に行き着く。

後漢では黄巾《こうきん》の乱（一八四）も勃発し、東アジア全体が、混迷を深めていった。これは、対岸の火事ではなかった。後漢が衰退したために、朝鮮半島が動揺し、波紋は日本列島まで広がったのだ。二世紀末から三世紀初頭にかけて、遼東《りょうとう》太守の公孫度《こうそんたく》が後漢から独立し、その子・公孫康《こうそんこう》は楽浪郡《らくろうぐん》を支配、さらに南側に帯方郡《たいほうぐん》を設置した。このあと、倭も韓も帯方郡に従属するようになった。しかし、後漢が滅び、地域のパワーバランスは崩れ、秩序は完璧に崩壊した。これが、倭国大乱のきっかけとなった東アジア情勢である。

そんな中、中国は三国時代に移る。魏・呉・蜀が鼎立し、劉備玄徳や諸葛孔明が活躍する『三国志』や『三国志演義』の時代に突入したのだ。西暦二三〇年代には、魏が朝鮮半島に進出し、楽浪郡と帯方郡を平定した。

「魏志倭人伝」に、このころの倭国の様子が記されている。倭国は、二世紀後半に女王卑弥呼を立てることで混乱を一度収拾したが、三世紀半ば、卑弥呼亡き後再び男王が立つもみな服さず、殺し合いがはじまり、千余人が亡くなったという。そこで卑弥呼の宗《そう》女《じょ》・台与《とよ》を立てると、ようやく穏やかになった。一方、三世紀後半から四世紀にかけて、纒向遺跡には箸墓《はしはか》（箸中山古墳）に代表される前方後円墳の原型が完成し（定型化した前方後円墳）、各地の首長がこの新たな埋葬文化を受け入れ、平和な時代が到来した。これが、ヤマト建国だ。

ただしここが厄介なのだが、邪馬台国がそのままヤマトになったのかというと、それほど単純な話ではない。前方後円墳が造営された絶対年代が確定されていないからだ。古く見積もれば三世紀半ばだが、四世紀の可能性も高い。したがってここでは、弥生時代後期の倭国大乱ののちヤマトは建国され、平和な時代が訪れていたことに注目しておきたい。

弥生人は好戦的だった

ならばなぜ、混乱が収拾されたのだろう。その真因を知るためには、さらに時代を遡った弥生時代の話をしておかなければならない。東アジア情勢が倭国大乱を招いたとしても、もともと稲作を選択した人びとは、好戦的だったのだ。そこで「弥生時代」を押さえておく必要がある。

さて、戦後の史学界は、日本が渡来人に席巻されたと信じてきた。弥生時代に大陸や朝鮮半島から稲作と金属器が伝わり、大量の渡来人も押し寄せて先住の縄文人を圧倒してしまったというのだ。たとえば比較文化学者の上垣外《かみがいと》憲一は『倭人と韓人』（講談社学術文庫）の中で、神話の高天原（天上界）は朝鮮半島のことだと推理し、さらに次のように述べている。

天孫降臨を稲作農民、また稲そのものの渡来の模様を象徴的に物語ったもの、と解釈することができる。（中略）稲作農民は半島南部から対岸の北九州に到達した、ということになる。

この考えが、典型的だった。ところが、厖大な量の考古学データの蓄積によって、これまでの常識は覆されつつある。歴史の主役は渡来した稲作民ではなく、先住の縄文人だったことがわかってきた。たとえば最初に稲作民が渡来してきた北部九州沿岸部では、縄文の伝統を引く道具を使う先住の人びとが「稲作を自主的に選択」していたことがわかってきた。つまり、「渡来人と先住民（縄文人）との共存」が想定され、「渡来人と稲作を選択した人たちの交流と人口爆発」が起きた可能性が高まってきたのだ。弥生人＝渡来人という図式は、もはや通用しないのである。

また、縄文時代と弥生時代の「断絶」はなかった。一万年以上かかって築かれた縄文の習俗と信仰は、その後の日本文化の基層となったと考えられている。

ただし、弥生時代に至り、大きな変化も起きていた。戦争の時代が到来したのだ。

狩猟採集を生業とする縄文人は縄張りを守り、必要以上の殺生をしなかった。そのため急激な人口増はなかったが、稲作民は人口爆発を起こした。食糧は計画的に生産され、余剰が生まれ、人口が増えた。そうなると新たな農地と水利を求めるようになり、争いになる。戦争の始まりは人類が農業を選択したためとするコリン・タッジの指摘に説得力を感じる（『農業は人類の原罪である　進化論の現在』竹内久美子訳　新潮社）。稲作の広がりによって、必然的に戦争が始まり、強い王が求められたのだ。

弥生時代、人びとは集落の周囲に壕や濠を巡らせ（環壕《かんごう》・環濠集落）、外敵から身を守ったが、弥生時代中期の終わりごろ（紀元前後）には、西日本各地の高地（小高い山や丘陵）に集落が営まれた。農作業の現場から少し離れた生活に不便な場所だ。これが高地性集落で、目的は、砦、見張りのためで、狼煙を上げることもあった。

高地性集落の大量発生の原因は、北部九州の発展に求められるようだ。

北部九州は朝鮮半島との交易で富を蓄えた。特に、文明の利器である鉄器を大量に保有し、他地域を圧倒していた。北部九州沿岸地帯のひとり勝ちと言っていい。そのため、北部九州より東側の地域の人々は警戒し、緊張が走ったのだ。みな慌てて、対策を考えただろう。その答えが、高地性集落だったようなのだ。

高地性集落は、瀬戸内海沿岸部から淀川を遡り、石川県まで到達している。これが、第一次高地性集落だ。このあと一世紀から二世紀にかけて、第二次高地性集落の時代が到来する。これは、奴国が後漢の後ろ盾を得たことと関係がありそうだ。

『後漢書』倭伝に「建武中元二年（五七）、倭の奴国、奉貢朝賀す」とあり、皇帝・光武は印綬を授けたと記す。これが、江戸時代に志賀島《しかのしま》（福岡市）で偶然みつかった金印である。

奴国王が後漢のお墨付きをもらったという噂は、日本列島中を駆け巡ったにちがいない。当時の先進地帯・北部九州の奴国が大国の虎の威を借りたとなれば、他地域の首長たちは、恐怖を感じたのではなかったか。

高地性集落そのものは、三世紀に近畿と周辺で第三のピークを迎えたあと、消えて行く。

高地性集落は中世戦国時代の砦や城と遜色ないほどの数にのぼっていて、並々ならぬ混乱状況だったことが分かる。

ただし、神武東征説話のような、九州の軍団が大挙して瀬戸内海を東に向かって侵攻していた証拠は、何もみつかっていない。ならば、「東側の過剰反応」ということになる。これはいったい何だろう。どうやらここには、縄文人とかかわる意外な理由が隠されていたようだ。それは、縄文文化の伝統が強く残った地域では、強い権力を排除する傾向が見られることだ。彼らは「ゆるやかなつながり」を求め、結果的にヤマト建国に行き着いたと思われるが、詳しい事情は、のちに再び触れようと思う。

出遅れた先進地帯・北部九州

そこで、（2）の奇跡の話に移る。それは、北部九州のことだ。

北部九州は弥生時代を通じて最先端を走りつづけた。ところが、ヤマト建国に出遅れている。それどころか、この時代、北部九州に、奈良盆地や山陰地方から、人が流れ込んでいたことがわかっている。弥生時代以降の文物は西から東へ流れると信じられていたが、ヤマト建国の時点では、この常識は通用しない。

鉄器の保有量は、北部九州が奈良盆地を圧倒し続けていたわけで、それにもかかわらず北部九州抜きでヤマトが誕生したところに、大きな謎があり、また奇跡的な出来事と考えざるを得ないのである。

そこで、北部九州の歴史を弥生時代に溯って、ふり返ってみよう。

とはいえ、弥生時代の「定義」はむずかしくなってきている。弥生時代の開始とともに稲作技術と金属器（青銅器や鉄器）がもたらされ、一気に縄文土器が弥生土器に入れ替わったのではない。多くの物証が、文化の断絶を否定している。発掘調査に携わる現場の考古学者の多くは、「縄文時代と弥生時代の境が分からなくなってきた」と言う。縄文時代の終わり頃、すでに稲作は始まっていたようにもみえ、また稲作が始まっているのに、縄文的な道具が使われつづけるという現象が確認されている。要は、日本列島に渡来人が押し寄せて土着の縄文人を駆逐したわけではないことが分かってきたのだ。弥生時代の定義は、「渡来人が稲作をもたらし、先住の民も含め、稲作を始めた時代」に変わりつつある。

弥生時代の年代観も見直されている。教科書では、弥生時代の始まりは紀元前五〇〇年ごろと記されていたが、炭素14年代法によって、紀元前十世紀後半までさかのぼりそうなのだ。また、弥生時代の初めの数百年は、金属器のない新石器時代に相当すると考えられるようになってきた（旧石器は打製石器。新石器は磨製石器。磨製石器の画期的なところは、樹木伐採が可能になったこと。余談ながら、日本の旧石器には、一部を磨いた局部磨製石斧《せきふ》が存在したが）。

弥生時代の始まりが早まったことで、稲作の東への伝播の速度も、「あっという間に」ではなく、「ゆっくりと」と書き改められつつある。また、日本列島をひとくくりにして「弥生時代に突入した」と、判断することもむずかしくなった。渡来人が縄文人を圧倒したわけではなかったのだ。

さらに、縄文時代にすでに農耕が始まっていたという指摘もある。五千～四千年前（縄文時代中期末から後期）に地球全体が寒冷化し、東に偏っていた縄文人が西に移動を始め、植物を栽培する比重が増えていたことも分かっていて、「稲作民がやってきて本格的な農耕が日本列島に根づいた」という単純な括り方もできなくなっている。

このように、これまで学校で習ってきた日本の先史時代にまつわる知識は、ことごとく使い物にならなくなっているのだが、ただし北部九州が弥生時代の日本をリードしていたという一点は、間違っていない。特に、文明の利器＝鉄器の保有量に関して言えば、他を圧倒していたし、奈良盆地は、鉄器の過疎地帯だった。

なぜヤマトに鉄器が流れてこなかったのか

なぜ鉄器は、奈良盆地に流れなかったのだろう。そしてなぜ、先進地域であった北部九州はヤマト建国に出遅れたのだろうか。

そもそも「鉄の技術」は権力者に独占され、他の地域にはなかなか伝わらないものだった。鉄を手に入れた者は、農具を造り、生産性を上げ、武器にして、力をつけた。だから、絶対に敵に渡してはいけない利器と技術だ。したがって中国でも、鉄生産の技術は権力者が独占し、なかなか広まらなかった。ただ、混乱と疲弊の時代に、鉄生産は各地に広まっていったのだ。

日本の場合、北部九州が奈良盆地に鉄製品が流れることを恐れたようだ。理由ははっきりしている。地勢的に、北部九州は東側から攻められると弱いが、奈良盆地は西側からの攻撃に頗る強かった（詳細は次章で）。だから北部九州はヤマトの発展を恐れた。しかも、北部九州は朝鮮半島に向かう通過点であり、ヤマトが発展すれば、必然的にここを通る。だからヤマトは、北部九州を潰すか併呑しようとするだろう。北部九州にすれば、最悪の事態だ。

そこで、次の推理が提起されるようになった。すなわち、北部九州はヤマトに鉄を流さないために、狭い関門海峡を封鎖してしまったというのだ（『古代出雲王権は存在したか』松本清張編　山陰中央新報社）。また、出雲と瀬戸内海側の吉備も、北部九州との同盟に荷担したのではないかと疑う人は多い。この時代、出雲と吉備に鉄器が流れこみ、ヤマト建国の直前に、ふたつの地域は大いに発展しているからだ。

また出雲では強い王が出現したようで、それまでの集落ごとに行なわれていた青銅器を使った祭祀を取りやめ、巨大な四隅《よすみ》突出型墳丘墓が出現している。また吉備には、楯築《たてつき》弥生墳丘墓（岡山県倉敷市）が出現した。これは双方中円式《そうほうちゅうえんしき》墳丘墓で、中央の円墳の両側に、四角い出っ張りがくっついていて、前方後円墳の原型ではないかと考えられている。

　こういう状況の中で、二世紀末から三世紀の初頭、奇妙なことが起きる。鉄の過疎地帯の奈良盆地の、それまでなにもなかった三輪山山麓の扇状地に、各地から人が集まり始め、政治と宗教に特化された都市が誕生したのだ。これが、纒向遺跡であり、ヤマトがここで産声を上げることになる。

　すでに述べたように、纒向遺跡には各地の土器が集まってきたが、なぜか、北部九州のものが、極端に少ない。北部九州は、ヤマト建国に出遅れたのである。

　もっとも栄えていたはずの北部九州が、なぜ傍観していたのだろう。なぜ、主導権を握ろうとしなかったのだろう。富み栄えた北部九州を出し抜き、なぜ後進地帯のヤマトに国の中心ができたのだろう。弱い者たちのヤマト、という奇跡が、ここにある。

王は強い権力を与えられなかった?

　次は（3）の奇跡だ。倭国大乱はヤマト建国によって収拾された。ところが強い王が周囲を圧倒したわけではなかった。たとえば、ヤマトの王はまるで防衛本能が欠如したような場所に住んでいた。纒向遺跡では、楼観《ろうかん》（見張り台）、城柵、環濠（壕）がみつかっていないのだ。しかしその直前まで、各地の首長たちは、柵や堀に囲まれて暮らしていた。その良い例が邪馬台国だ。「魏志倭人伝」には、「住まい、宮室、楼観、城柵を厳かに設け、つねに兵が守っていた」とある。弥生時代には集落を守るための環濠が設けられていた。発見当時「邪馬台国ではないか」と騒がれた吉野ヶ里《よしのがり》遺跡（佐賀県神埼郡吉野ヶ里町と神埼市）も、防御力の高い構造になっている。

纒向誕生ののち、ヤマトの王たちは巨大な前方後円墳を造営するようになったから、強い王を連想しがちだが、これもまちがいだ。

前方後円墳の原型は吉備で生まれヤマトに持ち込まれたが、さらに各地の埋葬文化が寄せ集められてヤマトの前方後円墳は完成した。前方後円墳は「寄せ集めのヤマト政権」を象徴している。ここから先、前方後円墳は日本各地に伝播していき、首長たちに受け入れられていったのだ。前方後円墳は、ゆるやかな連合体の象徴となった。

こう言い切るためには、もう少し説明が必要だろう。

前方後円墳は円墳に四角い出っ張りのついた日本固有の巨大な墳墓で、面積では世界最大級を誇る。

前方後円墳は、東北地方の一部を除いて、日本列島各地で六世紀末（あるいは七世紀初頭）まで造営された。これがいわゆる古墳時代だ。

前方後円墳の造られた意味を知る手がかりは、『日本書紀』崇神《すじん》十年九月条に残されている。実在の初代王と目されている第十代崇神天皇の時代、箸墓古墳が造られた。その背景には、御諸山《みもろやま》（奈良県桜井市の三輪山）に祀られる出雲神・大物主神《おおものぬしのかみ》の妻となった倭迹迹日百襲姫命《やまとととびももそひめのみこと》の悲劇が隠されていた。

大物主神の正体が小蛇《こおろち》であることを知った倭迹迹日百襲姫命は、驚いて尻餅をつき、その拍子に箸がホト（女陰）を貫き、亡くなったのだ。

倭迹迹日百襲姫命のために、墓の造営が始まった。昼は人が、夜は神が造った。大坂山（奈良県香芝市穴虫。二上山の北側）から墓に至るまで民が並んで、石を手渡しした。

ところで、この古墳造営は、強い権力によって強制的になされたものなのだろうか。時の人は、次の歌を詠んだ（筆者流に訳しておく）。

「大坂から石を運ぶなど、不可能と思っているだろ。いやいや、人が並んで運べば、不可能も可能になっちまうのだ」

これが、箸墓誕生の物語だ。

すでに述べたように、前方後円墳は各地の埋葬文化を寄せ集めて誕生した。とはいっても、権力者が造らせたのなら、民は苦しんだにちがいないと思われるだろう。

しかしそれは、現代人の誤解ではなかろうか。倭迹迹日百襲姫命の箸墓の話にあったように、人びとが自慢気に、「できないと思ったことを、われわれは成し遂げたのだ」と、語っているところに、真実が隠されていたのではなかったか。

人間は損得だけで動く動物ではない。はたから見れば、「何をバカなことをしているのだ」と思うことを、嬉嬉としてやってのける。たとえば、諏訪大社（長野県諏訪市、茅野市、諏訪郡下諏訪町）で七年に一度（数え年なので、丸六年ごと）行なわれる御柱《みはしら》祭《さい》で、山から切りだした巨木を里に曳いてくる。この時、御柱に多くの人が乗り、坂道を下り堕ちる。死人が出ることもしばしばだ。しかし、これは「強要されていやいややっている」わけではない。「死んでもいいから御柱に乗りたい」のだ。

人は蓄えた過剰を一気に使い果たすこと（蕩尽《とうじん》）に快感を覚えるという。命も財も、無駄に使うことに、喜びを覚える人間のサガであり、これが祭りのひとつの側面でもある。前方後円墳を造る行為は、王家や首長たちの命令だが、民は「お祭りとして喜んで引き受けた」のではなかったか。

しかも権力者の強制ではなく、聖職者のために造ったところに意味があったはずだ。王家の住む「宮」は、「ミ（霊力）」＋「ヤ（屋）」と考えられていて、祭司王の住まいを意味している。ヤマトの王には強大な権力が与えられなかったのだ。これも奇跡的で不思議な出来事なのだ。

吉備・出雲以東の「銅鐸文化圏」の動き

なぜヤマト政権は強い王を嫌ったのだろう。ヒントは「東日本と銅鐸《どうたく》文化圏」にありそうだ。

考古学者の松木武彦は縄文時代中期の東日本（関東・甲信越）と、弥生時代の瀬戸内、近畿、東海は、よく似た社会構造になっていたと指摘している（『日本の歴史　列島創世記　二』　小学館）。弥生時代のある時期まで、瀬戸内海から東側には、政治力を持った王は君臨せず、比較的平等な、階級差のない社会が広がっていたという。ちなみに、縄文時代の人口分布は東に偏っていた。狩猟を生業にしていた縄文人は、人口爆発を起こさず、大きな階級の差も生まれなかった。だから、権力者を嫌う傾向にあり、その「風土」が日本列島の東側に息づいていたのだろう。

さらに、纒向に集まってきた外来系土器の分布に注目すると、ひとつの事実に気付かされる。それは、弥生時代に形成された青銅器をめぐる勢力図のうち、銅鐸文化圏の土器が多かったことだ。

青銅器の分布をおおまかにみると、北部九州を中心とする銅矛《どうほこ》文化圏、畿内や東海に広がる銅鐸文化圏にわかれていた。ちなみに、ほぼ中間に位置する出雲では、銅矛（銅剣）、銅鐸の両方が選ばれていた。纒向にやってきた土器の多くが銅鐸文化圏のもので、ここに、大きな意味が隠されていたと思う。松木武彦が指摘した、「比較的平等な瀬戸内海から東側」は、まさに銅鐸文化圏だった。

銅鐸は、はじめ鳴らす道具（カウベルのようなイメージ。銅の鈴）として持ち込まれたが、日本列島で独自の発展を遂げ、縄文土器や石棒類に施されたような文様が刻まれ、巨大化して、一メートルを超すお化け銅鐸が出現した。鳴らすこともなく、容易に動かすこともできない銅鐸だ。このような銅の鈴は、朝鮮半島には見当たらない。

考古学者の寺前直人はその謎を、金属器が本来持つ、「競争力の向上」、「差別化」を低減させたかったからだと推理した。そして、権力者が青銅器を専有することを拒否したと指摘した。

前段階の社会秩序でもあった平等志向を維持することを目的に、この地域の人びとは青銅製武器を非実用品に変質させ、銅鈴に伝統的な文様を与えて、大型化をはかったと推定できる（『文明に抗した弥生の人びと』吉川弘文館）

つまり、北部九州に強い王が生まれていく中、異なる「統治システム」の構築を目論んでいたようなのだ。すなわち、彼らは強大な権力者の発生を拒んだのであり、これが、ヤマト建国にも影響を与えたのではなかったか。また、それぞれの共同体内で分業がいちじるしく成熟したが、それを支配する上部機構は出現しなかったのだ。富の集中を嫌っていた可能性が高く、均質的な社会だったことが分かってきている。

ヤマト建国の大きな謎は、「なぜ強大な権力者がヤマトを圧倒したわけでもなく、また、強い王が君臨しなかったのか」にあるが、すでに弥生時代の「吉備や出雲からみて東側の地域（銅鐸文化圏）は、強い権力の発生を嫌っていたから」と考えると、その理由がよく分かる。もちろんそれは、縄文時代から受け継がれた伝統でもあったのだろう。あらためて確認しておくが、ヤマトに集まった土器の多くは、かつての銅鐸文化圏からやってきている。ヤマト建国は、これら「独裁者を嫌う風土」のなかで成し遂げられたのだろう。

ここが分かってくると、ヤマト建国の真相とヤマトの王の正体は、あっけなく解けてくるように思えてならない。

こうして考古学の進展によって浮かび上がってきたヤマト建国の三つの奇跡が出そろった。ここから見えてくるのは、「文物は西から東へ」、「強い者が国を建てた」というこれまでの常識が、ことごとく覆されたということである。

これら三つの奇跡・謎を頭に置いたうえで、次は、『日本書紀』のヤマト建国をめぐる記事を考古学の指摘と合わせてみよう。これまで語られることのなかった何かが浮かび上がってくるはずだ。

第二章　纒向ではなく橿原に陣取った神武の謎

二人の初代王の謎

なぜ、鉄器の過疎地帯だった奈良盆地に、人びとが集まってきたのか。そしてなぜ、ヤマト建国によって弥生時代後期の混乱が一気に収まってしまったのか。そしてなぜ、弱い王が誕生したのか……。考古学の物証を並べてみたが、それでヤマト建国の謎が解けたわけではない。ただひとつ分かったことは、銅鐸文化圏（瀬戸内東部から近畿、東海、信州にかけて）の人々が、強い王の発生を嫌っていたこと、そして、強大な力をもつ北部九州に対抗するために、ヤマトに集っただろうことである。

そこで、次に注目してみたいのは、『日本書紀』の証言だ。その中でも初代神武天皇（神日本磐余彦）と、第十代崇神天皇の記事が重要だ。

通説は「崇神が本当の初代王で神武と同一人物」と考えている。これが本当なら、なぜ『日本書紀』は、ややこしいことをしたのだろう。史学者の多くは、『日本書紀』の編者が王家の歴史をなるべく古く見せかけようとしたからだ、と決め付けている。だが、本当にそれだけの理由だろうか。

ちなみに、なぜ初代と十代の天皇が同一視できるのかというと、『日本書紀』のふたりの記事には、それぞれ抜け落ちた部分があって、ふたりの記事を重ねると、ちょうどひとり分になるためだ。神武天皇の場合は治政の真ん中が、崇神天皇は即位直後の業績が切り落とされている。

さらに、『日本書紀』には第二代から第九代までの天皇の業績が、ほとんど記録されていない。そこで彼らを「欠史《けっし》八代」と呼び、実在しなかったと考えられるようになった。

それだけではない。神武と崇神は、どちらも『日本書紀』では「ハツクニシラス天皇」と呼ばれている。神武天皇は始馭天下之天皇《はつくにしらすすめらみこと》（初めてこの国を治めた天皇の意。『日本書紀』神武元年条）で、崇神天皇は御肇国天皇《はつくにしらすすめらみこと》（国のはじめを治めた天皇の意。

『日本書紀』崇神十二年条）だ。後者は厳密には「初代王」を意味しているわけではないが、初代も十代も「ヤマトの黎明期の王」と記録されている意味は大きい。

『日本書紀』は、「神武天皇は南部九州（日向）からヤマトに向かった」と記録しているから、『日本書紀』の設定は「即位して国の形を整えるまでを神武が、そのあとの治政を崇神が演じている」という形になっていると、まずここで確認しておこう。この神武と崇神の「役割分担」が分かったところで、話を進めよう。初代王をめぐる『日本書紀』の記事と考古学の物証を見比べてみよう。

第一章で触れたように、ヤマト建国に関して、考古学は詳細なデータを提供してくれている。三世紀初頭に纒向《まきむく》に人が集まりはじめ、三世紀後半から四世紀にかけて、巨大前方後円墳が出現し、各地に伝播していった。では、『日本書紀』はこの状況をどのように説明していたのだろう。

まず、『日本書紀』と考古学の合致している部分と、まったく噛み合わない箇所を挙げてみよう。

たとえば『日本書紀』は、神武天皇がヤマト入りするよりも早く、人や神がヤマトに集まっていたと言う。

出雲の国譲り（神話）の直前（天孫降臨よりも前の話）、出雲の大物主神が「日本の三諸山（奈良県桜井市の三輪山）に住みたい」と望み、願いは叶えられ、宮が建てられた。これが「大三輪の神」だとある。一方、纒向に山陰系の土器は流れ込んでいるし、前方後円墳の「前方部」は、出雲の四隅突出型墳丘墓の三味線のバチのような出っ張りが元祖ではないかとする説もある。すでに述べた箸墓の倭迹迹日百襲姫命の夫が三輪山の大物主神で、くどいようだが、倭迹迹日百襲姫命と箸墓の説話は、実在の初代王と目される崇神天皇の条に収められていた。要は、ヤマト黎明期に、大物主神が歴史にからんでいたことを暗示している。また箸墓は、もっとも早い段階で定型化した（埋葬文化が整った）前方後円墳と目され、ヤマト建国の象徴的存在でもあり、大物主神が三輪山にやってきて、前方後円墳が完成したという話は、ヤマト建国の考古学と矛盾しない。

さらに、『日本書紀』では、ニギハヤヒが天磐船《あまのいわふね》に乗って奈良盆地に舞い下りていた。ニギハヤヒは古代最大の豪族・物部氏の祖で、すでにそこに住んでいたナガスネビコ（長髄彦）の妹を娶り、奈良盆地に君臨したのだ。

ヤマト建国の前後、各地から神や人がヤマトに集まってきていたという記事は、考古学の成果（土器の発見）と合致している。

神武天皇の宮の位置はきわめて不自然

『日本書紀』の記事と考古学の物証がまったく噛み合わないのは、神武天皇が九州からやってきたという説話である。「西から文物がやってきた」という常識が通用しなくなった今、「九州からやってきた王」に大きな疑念が湧く。しかも出発点が北部九州ではなく、南部九州という設定も不可解だ。

それだけではない。神武天皇はヤマト建国の地、盆地南東の隅、纒向ではなく、数キロ南西に位置する畝傍山《うねびやま》（橿原市《かしはら》）の麓に住まいを定めた（現代でも近鉄電車の桜井から橿原神宮まで、十数分かかる）。これが橿原宮で、もし神武天皇が初代王なら、なぜ神武は、纒向に近づかず、生涯を橿原で過ごしたのか。ちなみに、崇神天皇の宮は纒向遺跡に隣接しているし、子や孫たちは、纒向に宮を置いている。そう考えると、神武天皇の宮の位置は、不自然なのだ。

もちろん、『日本書紀』がひとりの人物をふたつに分けて、そのかわり「ハツクニシラス天皇」を「はじめて国を治めた天皇」と「国のはじめを治めた天皇」の「異なるニュアンス」で使い分けたとして、「あくまで二人は別人」を装っているから、「宮を同じ地域にしてしまっては、同一人物とすぐにばれてしまう」と判断した可能性はある。

しかし一方で、橿原宮には、妙な「リアリティ」も隠されている。神武天皇は、本当に九州からやってきて、橿原に宮を建てたのではないかとも思えてくるのだ。

なぜこのようなことを言い出すのか、事情を説明しよう。

まず、畝傍山と橿原宮の周囲に、「九州の海人《あま》」が陣取っていた。それが、大伴氏と久米《くめ》氏だ。大伴氏と久米氏は長い間行動をともにし、同族だった可能性が高い。仮に大伴氏と久米氏の間に血縁関係がなかったとしても、非常に密接な関係にあったことは間違いない。両者は王家の祖が南部九州に舞い下りた天孫降臨や、神武東征で活躍している。ヤマトの王家の揺籃期を、九州で見守っていた人びとでもある。ちなみに、久米氏の「クメ」は、九州の「クマソ」と関わりが深いのではないか、という指摘もある。

また大伴氏と天皇家の絆は、異常ともいえるほど強い。これも無視できない。話は八世紀に飛ぶ。天平勝宝元年（七四九）四月一日に、聖武天皇が東大寺に行幸し、宣命を読みあげさせている（『続日本紀』）。日本初の黄金が発見されたことを報告し、盧《る》舎那仏《しゃなぶつ》から下賜されたものと、感謝したのだ。その宣命《せんみょう》の中で、大伴氏と大伴氏の同族・佐伯氏について「（大伴と佐伯は）天皇の朝廷を護り、仕え、奉り、自身の身命を顧みない人たちだから、遠い昔の天皇の代から今に至るまで、天皇をお守りする兵士と思ってお使いになる」と触れられている。

この時大伴家持《やかもち》は、歌で気持ちを表現した（『万葉集』巻第十八―四〇九四）。

海行かば　水漬《みづ》く屍《かばね》　山行かば　草生《む》す屍　大君《おほきみ》の　辺《へ》にこそ死なめ　顧《かへり》みは　せじと言立《ことだ》て　ますらをの　清きその名を　古《いにしへ》よ　今の現《をつ》に　流さへる　祖《おや》の子ども　そ　大伴と　佐伯の氏《うぢ》は　人の祖の　立つる言立て　人の子は　祖の名絶たず　大君に　まつろふものと　言ひ継げる　言《こと》の官《つかさ》そ　梓弓《あづさゆみ》　手に取り持ちて　剣大刀《つるぎたち》　腰に取り佩《は》き　朝守り　夕の守りに　大君の　御門《みかど》の守り　我をおきて　人はあら

じと　いや立て　思ひし増さる　大君の　命《みこと》の幸《さき》の　聞けば貴《たふと》み

意味は、次のようになる。

海を行けば水につかる屍、山行けば、草の生える屍になり、大君のおそばで死のうと、顧みはしないと誓い、ますらおの穢れない清らかな名を伝えてきた、その家の子孫なのだ。大伴氏と佐伯の氏（佐伯氏は大伴氏同族）は、先祖が誓った「末裔は先祖の名を絶やさず、大君にお仕えするだろう」と語りついだ名誉の家であるから、梓弓を持ち、剣太刀を佩いて、朝夕の守りとして、御門を守護する者は、ほかの人間には出来ないと、奮い立ち、さらに決意を強くする。大君の仰せを聞けば貴いので……。

古代豪族は天皇を敬ったが、これほど王家とのつながりを意識した例はない。

橿原に集まったのは九州の「海の民」

大伴氏は王家を護り続けてきたのだ。奈良時代の大伴家持も、神武東征以来の武門の家（ますらおの家）に生まれたことを強く意識した。大伴氏は、繰り返し繰り返し、「王のために死ねる」と、唱え続けた人たちだ。他の豪族にはなかった強烈な忠誠心を、無視することはできない。両者の信頼関係は、神武天皇の時代に、すでに出来上がっていたようだ。

『日本書紀』には、おおよそ次のようにある。

即位した神武天皇は、「天基《あまつひつぎ》（天つ日嗣の大業）を草創され、その日に、まっ先に道臣命《みちのおみのみこと》（大伴氏の祖）と大来目部《おおくめべ》（久米氏の祖）の功を褒め称えた。そして翌年春二月には、論功行賞があって、やはり筆頭に道臣命の名が挙がり、住む場所が与えられた。築坂邑《つきさかのむら》（奈良県橿原市鳥屋町）を居所に定め、寵愛された。また大来目は畝傍山から西側の川辺《かわのへ》（高取川）の土地に住まわした。今「来目邑《くめのむら》（橿原市久米町）」と名付けたのは、これが縁だ……。

この記事そのままに、橿原市の畝傍山の周辺に、大伴氏と久米氏は暮らしていた。興味深いのは、彼らが、九州の海人出身だったことだ。

たとえば『古事記』の記事の中で大久米命（『日本書紀』にいう大来目命）は「黥《さ》ける利目《とめ》」と表現されている。これは「入墨をした鋭い目」のことだ。

ちなみに、入墨が縄文時代から続く習俗だったことは、考古学の研究からもわかっている。古墳時代の人面埴輪から弥生時代の人面線刻土器を辿り、縄文時代の土偶に溯って研究が進められ、明らかになった。顔面の文様（入墨）は突然変化することなく、次第に変化して古墳時代につながっていたことが分かったのである（設楽博己他編『弥生時代の考古学7　儀礼と権力』同成社）。

天孫降臨の際にすでに王家のもとで活躍していた忌部氏《いんべ》も、畝傍山の西北に地盤を持ち、しかも目のまわりに入墨をしていた。これは、偶然ではあるまい。やはり、橿原と九州の海人は、密接につながっていたのだろう。

それだけではない。神武天皇自身の血脈にも、海人がからんでいた。神武の祖母と母は、海神の娘で、豊玉姫と玉依姫だ。有名な海幸山幸神話の中で、山幸彦（彦火火出見尊）は豊玉姫と結ばれ、彦波瀲武鸕鶿草葺不合尊が生まれ、彦波瀲武鸕鶿草葺不合尊は豊玉姫の妹の玉依姫を娶って神武が生まれた。のちに触れるように、ここに登場する海神の一族を祀っていたのは、日本を代表する海人の阿曇《あずみ》氏だ。もちろん阿曇氏にも、「入墨」の伝承が残される。

ここに、本当の神武天皇の謎が隠されているように思えてならない。神武天皇、何者なのだろう。なぜ、初代王なのに、纒向に入らなかったのだろう。なぜ橿原宮の周辺に、海人の末裔が固まり、神武自身にも、濃厚な海人の血が流れていたというのだろう。考古学の成果とは矛盾するが、本当に「初代王は九州から海人とともにやってきた」のではなかったか。

崇神と神武は同時代人か

唐突ながら、ここで筆者は、大きな仮説を立ち上げたいのだ。「神武天皇と崇神天皇はヤマト建国時の同時代人だが別人」であり、「『日本書紀』の記事の順序とは裏腹に、最初にヤマトを治めていたのは崇神天皇で、崇神天皇は疫病を鎮めるために、九州から神武を呼び寄せ、疫神《えきじん》（祟り神）を橿原宮で祀らせた」のではないか――。もちろん、崇神と神武は同族ではない。また、神武天皇は九州の海人に守られてヤマトにやってきたのだろう。そして、神武天皇は祭司王として、疫神を鎮める「権威はあるが力のない王」になったのではなかったか……。

ここに、ヤマト建国のみならず、天皇や神道の本質にかかわる問題が隠されている。

では、なぜこのような発想をいだくようになったのかといえば、まず第一に、崇神天皇の時代の奇妙な事件があったからだ。この時代、疫病が蔓延し、人口が半減したと『日本書紀』は記録する。そこで崇神は、疫神を鎮める人物を捜し求めたとある。この時連れて来られたのは大物主神の息子である大田田根子《おおたたねこ》なのだが、これが、神武天皇だったのではないか。

その経過を、『日本書紀』の記事から、まず辿ってみよう。

崇神五年、国内で疫病がはやり、人口は半減してしまった。翌六年になると、百姓《おおみたから》は土地を離れ流浪し、背く者も現れた。天皇の徳をもってしても、治めがたかった。天皇は政務に励み、天神地祇に罪を謝ったが、効果はなかった。崇神七年春二月、天皇は亀の卜《うらな》いを行い、災いの原因を探った。すると大物主神が現れ、疫病の蔓延は大物主神の意志であること、息子の大田田根子を探し出して祀らせれば必ず平穏が訪れると告げたのだ。これを受けて崇神天皇は大田田根子を探させ、大物主神を祀らせると、世は平静を取り戻した……。

この話、史実として取りあげられることはまずない。『日本書紀』は「神の意志で疫病が流行った」と言い、『古事記』は「大物主神の祟り」と記述しているが、史学者はこういう類の話になると、「胡散臭い」と、軽視する傾向にある。しかし、いくつか気になることがある。

まず第一に、「人口が半減した」という話は「大袈裟」と感じてしまうが、たとえば天然痘は、現代医学をもってしても、致死率は二〇～五〇パーセントに至る病気で、また罹病すると全身に黒ずんだ膿疱が出現し、醜悪な姿になる。古代日本人はこれを疫神の仕業と考え、恐れおののいたのだ。

もうひとつ無視できないのは、天然痘などの流行病が、多くの場合北部九州からヤマトに向かってきたことだ。朝鮮半島や中国大陸の人びと、あるいは彼らと接触した人がまずやってくるのは北部九州の沿岸部で、ここから疫病が広がっていったのだ。

奈良時代に独裁体制を布いてわが世の春を謳歌していた藤原不比等《ふじわらのふひと》の四人の子（武智《むち》麻呂《まろ》、房前《ふささき》、宇合《うまかい》、麻呂）は、天平九年（七三七）に天然痘で全滅し、権力の空白が生まれたが、この時も、流行は北部九州から始まったのだ。

もちろん、細菌やウィルスの知識のない古代人にとって、天然痘は恐ろしい疫神の仕業だった。そして、いつもいつも、西から流行病が押し寄せてくるという経験知も持ち合わせていた。

そこで注目されるのは、大物主神の子・大田田根子だ。『日本書紀』は、茅渟県《ちぬのあがた》の陶邑《すえのむら》（大阪府堺市）で見つけたと言う。なぜ陶邑なのかというと、陶邑は大神神社に奉納する祭祀土器の生産地として知られていたことに起因するようだ。一帯は、古墳時代を代表する須恵器《すえき》の生産地だった。ただし須恵器は、崇神天皇の時代には、まだ日本では造られていなかったから、大田田根子が陶邑でみつかったという話は、こじつけと考えられる。

一方、『日本書紀』は大田田根子の母が活玉依媛《いくたまよりびめ》だったと言っている。こちらの方が、大きな意味を持っていると思う。なぜかというと、大田田根子と神武天皇がそっくりに見えてくるからだ。以下、説明していこう。

大物主神の子・大田田根子と神武の類似点

まず、歴史時代のはずなのに、大田田根子の父は神で、これは神武天皇と同じだ。また、大田田根子の母は活玉依媛だが、神武天皇の母は海神豊玉彦命の娘・玉依姫で、同じ「タマヨリ」（神霊が依り憑くの意）の女神で、そっくりだ。

それだけではない。神武天皇は「物部氏の祖のニギハヤヒが統治するヤマト」にやってきた。一方、大田田根子は、物部氏の遠祖・大綜麻杵《おおへそき》の娘の伊香色謎命《いかがしこめのみこと》の生んだ子・崇神天皇に求められた。とすれば、神武天皇と大田田根子は神の子で、どちらも物部系の王のもとにやってきたことになる。これは単なる「偶然の一致」とすませてよいものなのだろうか。

さらに、なぜ神武天皇が九州からやってきたかと言えば、ヤマト建国の黎明期、疫病の蔓延によって大混乱が起きて、それを鎮めるために、九州から聖職者を連れてくる必要があったからではなかったか……。疫神を鎮めることができるのは、疫神（鬼）と同じくらい恐ろしい力を秘めた人物で、それは疫神そのものであり、疫神の発生した九州の巫覡《ふげき》がもっともふさわしいと考えられたのだろう。このあたりの「理屈」は、のちに改めて解説する。

そう考えると、なぜ神武が纏向ではなく、橿原に宮を「あてがわれたのか」、その意味がはっきりとしてくる。

縄文時代から弥生時代への移行期、橿原遺跡（橿原市）で、なぜか東北地方で盛行していた土偶がみつかっている。どうやらここで、西からやってくる稲作技術を、くい止めようと呪術を執り行っていたらしい。奈良盆地の地形は特殊で、東から西を睥睨《へいげい》する形になっている。「西にせり出した東国」と考えると分かりやすい。纏向遺跡に隣接する日本最初の市場・海柘榴市《つばいち》は、東国と西国の接点で、すでに縄文時代に、東国と陸路でつながっていた。奈良盆地西側の生駒、葛城山系は、西側から押し寄せてくる強敵をはね返す力をもっていた。たとえばナガスネビコは生駒山を背に戦い、神武天皇を一度追い返している。

「太古のヤマト」は、「西を向いた土地」で、「どちらかというと東の土地」だったのだ。だから、縄文人たちは西から押し寄せる稲作文化を、はね返そうとしたのだろう。

ただし、縄文人は「新たな文明や技術を呪術ではね返せる」と信じたわけではあるまい。彼らが恐れたのは、「稲作とともに襲ってきた疫病（疫神）」ではなかったか。そして、当時からすでに、橿原が「西を睨む呪術の場」と信じられていたとすれば、なぜ神武天皇は纒向ではなく橿原に宮を建てたのか、その意味が分かってくる。神武は、「西からやってくる恐ろしい疫神」を鎮めるために、橿原に宮をあてがわれたのではあるまいか。

この仮説を理解していただくためには、遠回りをしなければならない。日本人の信仰の根源と、神道（神祇祭祀）がヤマトの統治システムに果たした役割を、ここでおさらいしておきたいのだ。

『隋書』にも記されたヤマトの統治システム

ヤマト建国ののち、六世紀末から七世紀初頭まで、前方後円墳を造営する古墳時代が続き、聖徳太子が登場し、その頃から、改革事業が展開され、やがて古墳時代は終焉を迎える。

古墳時代とは、埋葬文化を共有する時代だが、それは政治と信仰がない交ぜになった状態でもあった。「政」と書いて「マツリゴト」と読むのは、「統治システムに祭祀が組み込まれていた」からである。

ならば、占いやマジナイを駆使した政治は、迷信に満ちた世界なのだろうか。意外にも、古墳時代の統治システムは、想像以上に理にかなっていたのである。

『隋書』倭国伝に、興味深い記事が残されている。ちょうど六世紀末の聖徳太子が活躍していた時代である。

隋の開皇《かいこう》二十年（六〇〇）、倭王が使者を遣わしてきた。風俗を問うと使者は、倭国の統治システムの一端を次のように説明した。

「倭王は天をもって兄となし、日をもって弟となします。日の出前に兄が出仕しマツリゴト（政）を聴き、跏趺《かふ》して（あぐらをかいて）座っています。陽が出れば、政務をやめ、弟に任せます」

これを聞いた隋の文帝《ぶんてい》は「大いに義理なし」といって改めさせた……。

隋の文帝はあきれかえったようだが、この統治システムは、日本では有効な手段だった。その理由は、じつに簡単だ。日本人の信仰の原理を探っていけば分かる。

多神教の宇宙観を、日本人はかたくなに守りつづけてきた。樹木、山、海、空、雲、風、嵐、路傍の石などなど、あらゆる物、あらゆる現象には、精霊や神が宿るという発想だ。もちろん、人間にも、魂（霊）は宿り、魂が抜け落ちると死ぬ。神も人間も、宇宙の一部であり、「神は大自然そのもの」と捉え直すことも可能だ。

一神教の場合、この世、宇宙は、唯一絶対の神が創造したと考える。だから神の子としての人間が、世界を改造し支配する権利を有すると考える。

大自然の猛威には敵わないというのが多神教的発想なら、大自然に打ち勝とうとするのが、一神教的発想なのである。

また多神教が進歩して一神教になったと説明され、「多神教は蒙昧」と説明されているが、それほど単純な話ではない。

多神教世界の人間は、ひたすら神を祀り、なだめすかし、鎮め、穏やかな神に変身してもらおうと苦心した。そして、手に負えない荒々しい神は、祟る鬼とみなされた。神（くどいようだが大自然）の本質は祟る鬼であり、鬼をなだめすかして、ようやく人々に恵みをもたらす神になるとみなされたのだろう。

なぜ錦の御旗（天皇の権威）が恐れられたのかといえば、神を祀り、神そのものになる天皇は、鬼（大自然の猛威）でもあるからだ。

日本人はどのようにして祟る神を鎮めてきたのか

ここで確認しておきたいのは、日本人は、どのようにして祟る神を鎮めてきたのか、その方法論である。

まず、鬼退治を考えておこう。鬼は、祟る神でもある。

昔話の中で、多くの場合、鬼を退治するのは童子（子供）だが、これはお伽話の聞き手（子供たち）の興味を引くための演出ではない。翁《おきな》（老人）は穏やかで幸をもたらす神（和魂《にぎみたま》）に近い存在で、対する童子は、生命力旺盛で、荒々しい恐ろしい鬼（荒魂《あらみたま》）とみなされていたのだ。

翁は和魂だが、死ぬと荒魂になる。腐って醜悪な肉体となり、ケガレをもった鬼に化ける。そして、殯《もがり》を経て浄化（白骨化）されると土にもどされ、穏やかな魂（神）に変身していく。そして、巡り巡って再生し魂は肉体に宿り、生まれた童子は、今度は活発で荒々しい鬼となり、やがて年取ると、再び穏やかな翁になっていく……。このサイクルを描く魂の遍歴が、鬼退治をする童子という構図を作りだしたのだ。鬼退治ができるのは、鬼と同等の力をもった童子以外には考えられなかったのである。

なぜこのような話にこだわるかというと、私見どおり崇神天皇が疫病の蔓延に苦しみ、九州から神武を呼び寄せたのだとすれば、その理由を探りたかったのだ。疫神がやってくる西で暮らす童子（鬼）が神武で、神武自身が疫神に匹敵するような鬼とみなされたのだろう。疫神を退治できるのも、神武しかいなかったのである。

要は、神武は疫神の子であり、事実『日本書紀』は、祟る神の子が大田田根子と言っている。大田田根子は祟る神＝疫神の子だからこそ、疫神をなだめすかすことができたわけで、神武も同じであろう。

ちなみに、この時祟り神となった大物主神は、纒向遺跡の近くの三輪山に祀られたが、山頂には高宮神社が鎮座し、日向御子《ひむかのみこ》が祀られる。

なぜ出雲系の大物主神の祀られる三輪山で「日向」の名の神が祀られたのかというと、通説は三輪山が太陽信仰と関わり深いことに起因すると考えている。「日向」は「日に向かう」を意味しているというのだ。ならばなぜ、「日向神」ではなく「日向御子」という、聞き慣れない名が与えられたのだろう。「御子」は「童子」で、鬼そのものだ。三輪山山麓には大田田根子を祀る神社も鎮座するが、ここは「若宮社（大直禰子《おおたたねこ》神社）」で、「ワカ」は「御子」と同じで、多くの場合、祟る恐ろしい童子（鬼）を意識している。これは偶然ではあるまい。大田田根子も祟る恐ろしい鬼だったわけである。「日向御子」は「御子（童子）」を強調された神であり、「日向からやってきた鬼＝神武」を指しているように思えてならない。そして、神武は強い王だからヤマトに連れて来られたのではなく、呪術を駆使して疫神を鎮めることができる鬼（童子）だったから、必要とされたのだと察しがつく。

とは言っても、疫病が流行るたびに九州から巫覡を呼んでくればよいだけの話で、日向御子を王に立てる必要がどこにあったのだろう。これには、いくつも理由があったと思う。そのうちのひとつは、ヤマトの統治システムに祭司王を組みこむカラクリを構築しようとしたのではなかったか。実際、ヤマトの統治システムは、やや複雑な構造になっている。それを、ここで説明しておこう。

巫女は色仕掛けで神を鎮める？

鬼を鎮めるためには、「色仕掛け」という手もあった。ここでは御子ではなく、巫女《みこ》がかかわってくる。そして、祭司王と巫女の鬼封じを組み合わせることによって、ヤマトの統治システムは完成したのではないかと、筆者は疑っている。ヒントは、『日本書紀』神話のスサノヲの活躍の中に隠されている。

話は出雲の国譲り神話の直前に戻る。

天上界で乱暴を働き、地上界に追放されたスサノヲは、出雲の簸川《ひのかわ》の上流に舞い下りる。そこで出逢ったのは、泣きはらす国津神《くにつかみ》の老夫婦だった。聞けば、八人の娘（童女）が毎年八岐大蛇《やまたのおろち》に呑まれ、もうすぐクシイナダヒメ（奇稲田姫）が呑まれようとしているという。そこでスサノヲは、「娘を私にくれるなら」と条件をつけ、八岐大蛇退治を請け負う。

神話はヤマト建国の前後に何が起きていたのかを知るための、大切なヒントだと思う。スサノヲが娘を救った背景に、「祭祀形態の変化」を想定してみたい。

八岐大蛇に娘を奪われていたのは、生贄《いけにえ》だからだろう。恐ろしい祟り神を鎮めるために、まず考え出されたのは、童女を差し出すことだった。スサノヲはこれを、新たなやり方に切り替えた。童女を神に捧げるのは同じだが、生きたまま、神に仕えさせる方法だ。これが、今につながる「神祭りをする巫女」の原型であり、たとえば神社に奉仕する巫女は生贄にはされず（あたりまえだが）、神と「遊ぶ」ことで、神の怒りを鎮める。

巫女は「あそび女」で、「神遊び」は、舞いなどの芸能だけではなく、性的関係（観念的だが）をも含んでいた。『日本書紀』や『古事記』に登場するアメノウズメは、神の前で踊り狂い、肌を露出するが、これは巫女の典型的な姿だ。神社のまわりに花街が附随するのは、世の男性どもが神のおこぼれを頂戴するために集まってくるからだ。巫女の零落した姿が、花街の「遊び女」である。

「巫女（神の妻）の誕生」は、大きな変化をもたらしたはずだ。特に、ヤマトの王家の本質が、これで定まったと思う。

『古事記』の第十四代仲哀《ちゅうあい》天皇（ヤマトタケルの子）の段に、次の説話が残されている。九州の訶志比宮《かしひのみや》（橿日宮。福岡市）で起きた事件だ。

仲哀天皇が琴を弾き神を招き寄せ、神功皇后《じんぐうこうごう》（仲哀天皇の正妃）に神託が下った。この場面で神功皇后は巫女の役目を負い、仲哀天皇はその言葉を聞く役割を担っている。このあと仲哀天皇は、神の言葉を疑ったために、神の怒りを買い、急死してしまう。

神の言葉はまず巫女（神功皇后）に下され、その神の言葉を男王（仲哀天皇）が受け入れ、政治を動かす。この統治システム、このあと触れるように、もう少し進化させて、六世紀末まで継承されていた。先の『隋書』倭国伝の記事が、まさにこの神と巫女と王のカラクリである。

王の命令は絶対だが、王が実権を握っているわけではない。王の命令は神の命令であり、その「逆らってはならない重い神の言葉」は、巫女の意志でもある。王家の場合、王のミウチの巫女が神の言葉を伝えるが、ここに、ヤマトの王の本質が隠されている。

ヤマトの王は祭司王だが主役ではない

ヤマトの王は祭司王だが、だからといって祭祀の主役ではない。王の親族の女性が神祭りをし、王が実務をこなした。ここに、巧妙な仕掛けが隠されている。

王はキサキを娶り、夫婦の間に生まれた男子が王位を継承する。そして、即位した王の姉（あるいは妹。あるいは親族の女性）が巫女となり、神を祀る。巫女は神と性的な関係を結び、神を鎮め、神から力（幸）をもらい受ける。そのパワーを王に放射し、国の安定が約束されると考えた。また巫女は、時にトランス状態に陥り、神の言葉（託宣）をひきだし、王に伝える。王は神の言うとおりに実務をこなす。王の命令は絶対だが、それは神の意志なのだ。

問題は、王は神の言葉に従うが、その「託宣」は、巫女の「創作」だった可能性があることだ。なぜそれでもなお従うのかと言えば、巫女の母（父王のキサキ）の実家がヤマトの実力者で、実権を握っていたからだろう。

七世紀以降、「蘇我氏や藤原氏が外戚の地位を保つことで権力を握り続けた」と言われているが、実際にはすでにヤマト建国時から、「王に正妃を送り込んだ者が、真の実力者」だった。実力者の娘だからこそ、正妃に選ばれていたわけである。

つまり、ヤマトの政治、ヤマトの統治システムを「マツリゴト」と呼び習わしてきたのは、キサキの娘（実力者の孫）が神とつながり、託宣を自在に引き出すことによって、王のキサキの実家が政治運営の操縦桿を握ることができるという、巧妙なカラクリであり、王統が入れ替わらずとも、実力をつけた豪族（首長、貴族）が、平和的方法で実権を握るというシステムだったことになる。

だから、「祭司王」の意味は、ただ単に、「祭祀に専念していた」という意味ではなく、「王がヤマトの新たな統治システムの中に組みこまれていた」ことを意味する。さらに、母系のミウチこそ、真の権力者だったことに他ならない。そしてこの統治システムは、「独裁者を受け付けない」というヤマト建国の中心メンバーだった銅鐸文化圏の人びとの理想的な国のかたちではなかったか。

この図式が見えてくると、ヤマトに祭司王が「連れて来られた」理由も、おぼろげながら見えてくるはずである。

ただし、いくら北部九州沿岸地帯で疫病が流行り、蔓延し、ヤマトに押し寄せてきたとしても、なぜ南部九州（日向）から神武天皇が呼び寄せられたのか。なぜ海人たちが、橿原に集ったのか、その経過がよく分からない。これらの謎をはっきりさせない限り、ヤマト建国の謎は解けたことにならない。

そこで次章から、これまでほとんど注目されてこなかった九州の海人について、考えてみたい。

第三章　奴国の末裔・阿曇氏と天皇家の秘密

海神の謎に分け入る

考古学の発掘調査の結果、ヤマト建国に九州は影響力を行使しなかったことがわかってきた。ヤマト建国の地・纏向に北部九州の土器がほとんど持ち込まれなかったからだ。その一方で『日本書紀』は、「ヤマトの王は九州からやってきた」と説明している。しかも、実際に九州の海人の末裔が、畝傍山や橿原宮の周辺に集住していたのである。

これを、どう解釈すれば良いのだろう。そこで筆者は、仮説を掲げておいた。神武天皇と崇神天皇は同時代人だが、通説の言うように同一人物ではなく、崇神は流行病を抑え込むために、神武を九州から招き寄せたという仮説だ。

けれども、まだわからないことはたくさんある。朝鮮半島から伝染病が押し寄せたとしたら、まず北部九州の沿岸地帯で蔓延する。それならば、崇神天皇は福岡県や佐賀県の玄界灘沿岸部から、「祟り神を調伏できる鬼（童子）」を求めたはずだ。しかし、神武天皇は南部九州の日向からやってきた。これも、大きな謎だ。

『日本書紀』は神武の母と祖母が海神《わたつみ》の娘というが、その海神の正体を明かしていない。おそらく、「海神」は海の民が奉斎していたのだろうが、誰の氏神なのか、はっきりとしない。なぜ『日本書紀』は王家の母系の祖を明示しなかったのだろう。

すでに触れたヤマトの統治システムを見ればわかるように、日本の古代社会は母系社会で、『日本書紀』が編纂された八世紀初頭でも、事情はさほど変わらなかった。だから、男性の系譜だけ追っていっても、真の歴史は見えてこない。それを知っていて王家の母系の祖を明記しなかったのなら、『日本書紀』編者は確信犯である。

そこで大切なのは、海人と彼らの祀る神の正体ではなかろうか。なぜ神武は海人に守られたのか。天皇を生んだ海の母神は誰だったのか。日本の王（天皇）の正体を明かす鍵は、海神が握っている。そこで、海人と海神の謎に分け入ってみよう。

日本を代表する海の神は、綿津見神《わたつみのかみ》、住吉大神《すみよしのおおかみ》、宗像三神《むなかたさんしん》（女神）で、みな北部九州と関わりが深い。『日本書紀』に彼らの素姓は記録されている。

『日本書紀』神代上第五段一書第六に、まず男性の海神が登場する。

イザナキは亡くなった妻（イザナミ）を連れ戻そうと黄泉国《よみのくに》（地下の死の国）に向かったが、イザナミの腐って醜悪な姿を見て逃げてきた。イザナキは筑紫（九州）で禊《みそ》ぎをしてケガレを祓《はら》うと、この時、多くの神々が生まれた。海で体を洗うと、「底津少童《そこつわたつみの》命《みこと》、中津《なかつ》少童命、表津《うわつ》少童命」と「底筒男命《そこつつのおのみこと》・中筒《なかつつ》男命・表筒《うわつつ》男命」が生まれた。前者は阿曇連らが祀る神で、後者は住吉大神だと説明がある。

宗像三神は、そのあとに生まれている。『日本書紀』神代上第六段正文には、次のようにある。天上界で乱暴な振る舞いをするスサノヲを、アマテラスは「国を奪おうとしているのではないか」と疑った。スサノヲは潔白を主張し、それを証明するために誓約《うけい》（神意をうかがう占い）を提案する。アマテラスはスサノヲの十握剣《とつかのつるぎ》を求め、三つに折って天真名《あまのまな》井《い》に濯ぎ、噛み砕いて吹き捨てると、息の狭霧《さぎり》に、田心姫《たごりひめ》・湍津《たぎつ》姫・市杵《いちき》島《しま》姫が生まれた。これが、宗像三神だ。この誓約の結果、スサノヲの疑いは晴れたという。

ちなみに、宗像神は玄界灘を見守る宗像大社（福岡県宗像市）の祭神だが、「宗像の神は出雲からこの地にやってきた」と伝わっている。

宗像神とスサノヲや出雲の間には、目に見えぬつながりがあったようだ。また、これは余談だが、スサノヲが地上界に降ろされたとき、当初海の統治を委ねられている。スサノヲも、海の神の要素を兼ね備えていたことがわかる。だから、娘たちも海の神だったのだろう。

では、この中で、王家の祖となった海神は誰だろう。

神武の祖母の神話

『日本書紀』は、海幸山幸神話に登場する「ワタツミ（海神）」の正体を明示しない。しかし、日本を代表する三つの海の神の誰かが、神武天皇の母系の祖だった可能性は高いはずだ。そして実は、『日本書紀』の言う底津少童命・中津少童命・表津少童命がもっとも怪しいというのが通説で、筆者もそう考える。これらの神々を祀っていたのは阿曇氏だったと『日本書紀』は言うが、当の阿曇氏は、北部九州で「綿津見神」を祀り、濃厚な「山幸彦・海幸彦」伝承を語り継いできた。そうなると、『日本書紀』に登場する「底津少童命・中津少童命・表津少童命」と「綿津見神」、そして山幸彦がめぐり逢った海神が重なって見えてくる。一般的にも同一視する例が多いが、改めて検証してみたいのだ。もし仮に、海神が阿曇氏とかかわるとして、なぜ『日本書紀』は、その事実を隠蔽しなければならなかったのだろう。実際、阿曇氏は弥生時代の日本列島を代表する奴国の出身で王族だった可能性が高い。

どうやら阿曇氏を掘り下げてみる必要がありそうだ。彼らは古代日本を代表する海の民であり、ヤマト政権誕生後、各地の海人を束ねていたからだ。

そこで話を進める前に、海幸山幸神話のあらすじを記しておこう。天孫降臨を果たしたニニギの子供たちの物語だ。

兄の海幸彦（火闌降命《ほのすそりのみこと》）は海の幸を、弟の山幸彦（彦火火出見尊）は山の幸を得ることを得意としていた。ある時、二人の幸を交換した。ところが、兄から借りた釣針を、山幸彦はなくしてしまった。新しい釣針を作っても、許してもらえない。山幸彦は途方に暮れて浜辺をさまよっていると、塩土老翁《しおつつのおじ》（住吉大神）が現れ、山幸彦を無目籠《まなしかたま》（水が染み込まないように編んだ籠）に乗せ、海に沈めた。すると、海神の宮にたどり着き、海神の娘・豊玉姫と結ばれ、宮に三年留まったあと帰郷して、海神から授かった潮満瓊《しおみちのたま》と潮涸瓊《しおひのたま》を使って兄を懲らしめた。このあと、豊玉姫は妹の玉依姫を連れて海岸に現れ、彦波瀲武鸕鷀草葺不合尊を生み落として帰って行く。のちに、彦波瀲武鸕鷀草葺不合尊は玉依姫を娶り、四人の男子が生まれた。その末子が神武天皇だった……。

神話はただのお伽話ではなく、何かしらのヒントが隠されているはずだ。

はたして山幸彦は誰と結ばれたのだろう。『日本書紀』は、「それは海神《ワタツミ》の娘」と言う。この場合の「ワタツミ」は、どう考えても固有名詞ではなく普通名詞だ。「ワタツミ」の「ワタ」は「海」で、「ツ」は連体格助詞の古い形、「ミ」は「霊」で、「海つ霊」「海の神」「海に棲む霊格」であり、「漁撈神」と「航海守護神」の二つの顔を持つ。『日本書紀』は、天皇家の母系の祖をただ単に、「海の神」と、とぼけて見せたのだ。

『万葉集』巻第九には、「ワタツミノ神」にまつわる次の歌（一七八四）がある。入唐《にっとう》使《し》に贈られた歌だ。

海若《わたつみ》のいづれの神を祈らばか行くさも来《く》さも船は早けむ

どの海神に祈れば、行きと帰りの船が速く進むだろう……。ここで海神は複数存在することが示唆されている。この場合も「ワタツミ」は明らかに普通名詞だ。

一方、阿曇氏の祀る「少童命（綿津見神）」も「ワタツミ」と呼ぶ。くどいようだが、神武の母系の「海神（ワタツミ）」は、阿曇氏の祖神の綿津見神（少童命）を指していると考えられている。しかしそれなら、なぜ『日本書紀』は神武の母系の祖と阿曇氏の関係をあやふやにしてしまったのか、その理由を明らかにする必要がある。

やはり、ワタツミと阿曇氏の正体を知りたい。

ほとんど知られていない阿曇氏の活躍

阿曇氏発祥の地は筑前国糟屋《かすや》郡阿曇郷（福岡市東部）で、同郡の志賀島の志賀海《しかうみ》神社を祀ってきたが、一族は弥生時代から栄えていたとする説が根強い。

阿曇氏が代々神職を務めてきた志賀海神社の主祭神は綿津見三神（底津綿津見神、仲津綿津見神、表津綿津見神）だ。ちなみに、平安時代に編まれた歴史書『先代旧事本紀《せんだいくじほんぎ》』には、「少童命は阿曇連の祀る筑紫の斯香神《しかのかみ》」とある。

阿曇氏のカバネ（姓）は物部氏や大伴氏と同じ「連《むらじ》」で、特定の職業集団（品部《しなべ》）を統率する伴造《とものみやつこ》だ。ただし阿曇氏の場合、物部氏や蘇我氏、大伴氏など、古代史にたびたび登場する豪族と比べれば、目立った存在ではない。

物部氏や大伴氏は、軍事を担当し、阿曇氏は膳《かしわで》氏（阿倍氏同族）とともに、天皇の食膳にかかわった。

阿曇氏の活躍がほとんど知られていないのは、悲しいことである。現在、話題に上るとすれば長野の安曇野《あずみの》のことだろうか。

長野県安曇野市に鎮座する穂高《ほたか》神社は、阿曇系氏族が祀ってきたが、彼らは六世紀半ばから七世紀にかけて、ここに移住し、拠点を構えたと考えられている。奥宮は上高地の明神池《みょうじん》の畔にある。穂高神社の御船祭《おふねまつり》には巨大な船壇尻《ふなだんじり》（山車《だし》）が登場し、巡行する（江戸時代後期までは、御輿にして担いでいた）。アルプスを代表する「穂高岳」も、穂高神社の祭神・穂高見命《ほたかみのみこと》の名に由来する。

神官に「犬養氏《いぬかい》」「和田氏」がいて、犬養氏は阿曇犬養連の末裔と考えられているが、「イヌカイ」を名乗る人びとは、松本地方に多く分布している。また、和田氏は、のちに触れるように、やはり海の民で、長野県にひろく分布している。

なぜ信州の山奥に海の民が進出し、祖神を祀っていたのだろう。海の民は造船のために巨木を求めた。また、海の民は川を溯るとき、馬に船を曳かせたが、古代の信濃は、日本有数の馬の産地だった。そして、安曇野市や隣接する松本市から犀川《さいがわ》を下れば、信濃川を経由して日本海に出られる。東山道《とうさんどう》が近くを通っていて、峠を越えれば、関東にも出られる。さらに、諏訪に出れば、天竜川を下って太平洋にも出られる。一帯は知られざる古代の流通の要衝だったのだ。

「アズミ」が意識されるのは、こういう話題がほとんどで、歴史上の活躍に関しては、ほとんど知られていない。しかし、それは、活躍がなかったからではなく、業績を奪い取られ、正体を消し去られたからではなかったか。

阿曇氏の本貫地は「魏志倭人伝」や『後漢書』倭伝に記録される「倭の奴国」だった。弥生時代後期の倭国を代表していた当時の最先端地域である。

すでに紹介したように、一世紀半ば、奴国は後漢に朝貢し、「印」を授けられている。これが、江戸時代に偶然みつかった志賀島の金印である。その奴国王の末裔が阿曇氏とすれば、もっとも伝統と格式を誇った氏族だった可能性が高い。ヤマトの王家よりも古い歴史をもつ「忘れ去られた倭を代表する名門豪族」なのである。

ちなみに、ヤマト建国前後の奴国にかかわりをもった歴史上の唯一の氏族が阿曇氏で、彼らは神話にもつながっているのだから、奴国の王家の末裔と考えることは、自然な流れだ。

ところで、奴国が発展した理由は、朝鮮半島との交易によって富を蓄えたからだが、もうひとつ大切なことは外交の力だった。東アジア情勢が奴国に味方したのだ。

北部九州沿岸地帯では、紀元前三世紀末頃、首長（王）が登場し、国が生まれつつあった。そして、このあと、中国との関係が密になっていく。紀元前二世紀の前漢は内政に力を入れ、国力を高めていたが、前一四一年に皇帝に立った武帝は、積極的に外に向かって動き出した。王化思想（中華思想）を根拠に、領土拡大を始めたのだ。この結果、朝鮮半島のほとんどは漢の領土になり、南部沿岸部のわずかな土地が、残された。また、漢は四つの郡を設置した。このうち楽浪郡は三一三年まで残り、日本列島にも多大な影響を及ぼしたのだった。中国王朝の動向は、対岸の火事ではなく、倭の諸地域も、すぐに当事者になりえたのだ。当然外交努力が必要となったし、漢の虎の威を借りることもできた。

奴国やとなりの伊都国《いと》は、こののち、朝鮮半島の楽浪郡（のちに南側が分かれて帯方郡が生まれる）を通じて、漢や魏に朝貢するようになったのである。

少なくとも、奴国がこの時代の日本列島の最先端を走っていたことは、間違いないと言える。

海人の「統率者」に任じられていた阿曇氏

そこで、歴史時代（神話が終わったヤマト建国後）の阿曇氏の活躍を追ってみよう。

阿曇連の祖神は海神だが、歴史時代の祖は誰だろう。『古事記』は「綿津見神の子・宇都志日金析命《うつしひかなさくのみこと》の子孫」と言い、『新撰姓氏録《しんせんしょうじろく》』（平安時代初期に編まれた氏族の系譜書）は、海神・豊玉彦の子・穂高見命の末裔が阿曇氏といっている。宇都志日金析命と穂高見命は同じ神ではないかと疑われているが、よく分からない。

一方で、『日本書紀』応神《おうじん》三年十一月条には、次の記事が載る。各地の海人が騒ぎ、命令に従わなかった。そこで阿曇連の祖・大浜宿禰《おおはまのすくね》を遣わし、鎮めさせた。この結果、大浜宿禰を海人の宰《みこともち》（統率者）に任じたとある。この記事の意味は重い。

ちなみに、海人族は三つの系統に分かれている。宗像系、阿曇系、大和（椎根津彦《しいねつひこ》）系なのだが、阿曇系を『新撰姓氏録』から拾っていくと、次のようになる。阿曇宿禰、海犬養《あまのいぬかい》、凡海連《おおしあまのむらじ》、八木造《やぎのみやつこ》、凡海連、阿曇犬養連、安曇（阿曇）連で、みなワタツミの豊玉彦や穂高見命の末裔である。

阿曇氏は「海部《あまべ》（海人部。海人の部民《べみん》、集団）」を支配していたのだが、海部は漁業と航海術（海運と軍事）を駆使して朝廷に奉仕する人びとの集まりだから、阿曇氏こそ、古代の海の王であった。

「海部」の活躍した「海部郡」や「海部郷」は、日本各地に存在した。『和名類聚抄《わみょうるいじゅしょう》』（十世紀に編纂）に、その所在地が記録されている。太平洋側は、以下の通り。

豊後（大分県）海部郡《あまのこおり》　安芸《あき》（広島県）佐伯郡海郷《あま》　安芸郡安満郷《あま》　阿波（徳島県）那賀郡海部郷《かいふ》　淡路（兵庫県）三原郡阿万郷《あま》　紀伊（和歌山県）海部郡《あま》　尾張（愛知県）海部郡海部郷　武蔵（東京都）多磨郡海田郷《あまた》

西九州・日本海側は、次の地点だ。

肥後（熊本県）天草郡《あまくさ》天草郷　筑前（福岡県）怡土《いと》郡海部郷　那珂郡海部郷　宗像郡海部郷　隠岐（島根県）海部郡海部郷　丹後（京都府）熊野郡海部郷　加佐《かさ》郡凡海郷《おおしあま》　越前（福井県）坂井郡海部郷《あまんべ》

海部の地名は、水運の要衝に必ず存在したと言っても過言ではない。それを束ねていたのが阿曇氏である。

古代の流通にしめる水運の重要性を考えれば、各地の海人を支配していた阿曇氏の底知れぬ実力を感じずにはいられない。

海の民の痕跡は歴史と地理に

阿曇氏は、海の民らしい個性をもって歴史に顔を出している。

『日本書紀』履中《りちゅう》天皇即位前紀（仁徳八十七年正月。四世紀末から五世紀初頭か？）に「淡路の野島の海人＝阿曇連浜子《あずみのむらじはまこ》」の記事が載る。謀反の片棒を担ぎ、捕縛されたのだ。ただし、履中元年夏四月、阿曇連浜子は大恩によって死罪を免れ、そのかわり顔に「入墨（刺青）」をしたとあり、これを時の人は、「阿曇目《あずみめ》」と呼んだとある。

ただし、実際には罰としての入墨ではなく、海人の阿曇氏には「黥面《げいめん》」の伝統や伝承が残されていたと考えられている。

阿曇氏は、海人の古い風習を継承していたのである。

推古三十一年（六二三）冬十一月条には、外交上のトラブルがあり、その過程で「境部臣《さかいべのおみ》（蘇我系）と阿曇連が賄賂をもらった」という不名誉な記録が残されている（ただし、真相は定かではない）。

阿曇氏でもっとも有名なのは、白村江《はくすきのえ》の戦い（六六三）で活躍した阿曇比羅夫《あずみのひらふ》だろう。斉明七年（六六一）八月、阿倍比羅夫《あべのひらふ》とともに、百済救援に向かうよう命ぜられた。天智元年（六六二）五月、阿曇比羅夫は大将軍と呼ばれ、百七十艘の船を率い、人質として日本で暮らしていた百済王子・豊璋《ほうしょう》を、百済に送り返した。ただし、このあとの大海戦の場面で、阿曇比羅夫は、まったく姿を現さない。これも謎めく。

『日本書紀』天武元年（六七二）春三月十八日条に、阿曇稲敷《あずみのいなしき》が登場する。筑紫（大宰府と思われる）に遣わされ、天智《てんぢ》天皇崩御の報を、来日中の唐の使者（郭務悰《かくむそう》）に伝えた。天武十年（六八一）三月十七日、阿曇稲敷は、川島皇子《かわしまのみこ》、忍壁皇子《おさかべのみこ》らとともに、『帝紀《ていき》』及び上古の歴史の編纂を命じられた。持統《じとう》五年（六九一）八月十三日、十八の主だった氏族、大三輪、雀部《さざきべ》、石上《いそのかみ》［物部］、藤原、石川［蘇我］、巨勢《こせ》、膳部《かしわで》、春日、上毛野《かみつけの》、大伴、紀伊《き》、平群《へぐり》、羽田《はた》、阿倍、佐伯、采女《うねめ》、穂積、阿曇らに、それぞれの祖の墓記（あるいは纂記。先祖の事蹟）を進上させた。阿曇氏がそこに名を連ねているのは、古代を代表する閨閥の一翼を担っていたからである。

阿曇氏は、天平年間（七二九〜七四九）から都に上るようになり、氏名を「阿曇」から「安曇」に変えた。安曇野の「安曇」がこれだ。

地名という視点から、阿曇氏の活躍を知ることもできる。阿曇氏の「アヅミ」は「アマ（海）ツ（津）ミ（見）」が転じたものだが、「アヅミ」「アツミ」の地名は、阿曇氏との関わりが深い（「アタミ（熱海）」も「アツミ」の転）。さらに「海」のつく「海士《あま》」「海府《かいふ》」「海部」のほかに、滋賀県には「安曇《あど》」という地名があり、ここも阿曇氏の拠点だ。「アヅミ」「アツミ」の地名は方々にある。たとえば、愛知県の「渥美半島《あつみ》」の「渥美」も、阿曇氏と関わりが深い。海の民の広大なネットワークを無視することはできない。

「アヅミ」「アツミ」だけではない。海の民に「倭太氏《わた》」がいるが、「ワタ」は海の意味で、その「ワタ」が地名になっている。神武東征ルートと関わりの深い、瀬戸内海や奈良盆地、吉野、紀伊半島に「和田」の地名が多く分布する。また、黒曜石の産地でも知られる中仙道《なかせんどう》の和田峠（標高一五三一メートル。長野県小県《ちいさがた》郡長和町と諏訪郡下諏訪町の境）の「和田」は、「ワタ＝海」が語源のようだ。峠の北側に和田という地名があって、『和名類聚抄』にある「海部郷」が古い名で、要は海の民がここにやってきて住みつき、黒曜石を各地に運んで商売をしていたのだろう。

「アマ（余）」の地名もある。山陰本線の余部《あまるべ》鉄橋の余部も海人の地名だ。「余目」「余戸」も海人の分布域だ。また、摂津《せっつ》の阿倍野《あべの》が海部の拠点だったように、「アベ（阿部、安部、阿倍）」は「アマベ」が転じたもので、海人とのかかわりが深いという。

神功皇后と阿曇氏のつながり

弥生時代の倭を代表する奴国の阿曇氏は、歴史時代に入ると「海の王」として活躍したのだ。それを我々は過小評価してきたし、この誤解の遠因は、『日本書紀』の恣意的な阿曇氏軽視の記事にある。阿曇氏が日々の流通を支えていたことを、まったく記録しなかったからだ。だから『日本書紀』の「海人の宰に任ぜられた」というベタ記事を読み落としてはならないのだ。

阿曇氏が構築していた海の道、川の道のネットワークの価値を、見直すべきだったのである。

ならば、一層のこと、阿曇氏と天皇家の関係をはっきりとさせておかなければならない。阿曇氏の祀る少童命と、彦火火出見尊（山幸彦）の出逢ったワタツミは同一なのだろうか。

どうしても気になることがある。それは、先にあげた日本を代表する海の神の中で、阿曇氏の祖神だけが「鬼あつかい」されていることだ。『日本書紀』は阿曇氏の祖神を「底津少童命・中津少童命・表津少童命」と呼ぶ。「少童命」は「小さな童」であり、どこからどうみても、「鬼（童子）」なのである。日本の玄関口の北部九州沿岸部の奴国の阿曇氏の祖神が「鬼」と呼ばれていたのだ。これは、無視できない。

ここに、阿曇氏と天皇の謎を解く鍵が隠されているように思えてならない。なぜ阿曇氏の祖神は「恐ろしいやつら」とみなされていたのだろう。筆者は、神武天皇は「疫神を鎮めることのできる疫神の子（鬼）」と推理したが、それは神武天皇の母方の祖が「少童命＝鬼」だったこともひとつの理由ではなかったか。

じつは、阿曇氏自身も、「われわれは鬼」と、言い伝えていた気配がある。

志賀島の志賀海神社本殿の左側の今宮社に阿曇連の祖・穂高見神（穂高見命）と安曇磯良神《いそら》（磯良丸）が祀られる。この安曇磯良丸が曲者だ。『八幡大菩薩愚童訓《ぐどうくん》』には、安曇磯良は神功皇后の楫取《かじとり》（水先案内人）を務めた人とあり、筑前国では志賀大明神の名で祀られ、さらに、常陸国では鹿島大明神、大和国では春日大明神として祀られていると言う。また、海中に長く暮らしているため、顔面にカキなどがこびりつき、醜悪な姿だったと記される。「醜悪＝シコ」は、鬼を暗示している。「鬼」と書いて「シコ」とも読む。神話の中でイザナミが亡くなって黄泉国で肉体は腐敗して夫のイザナキはその醜悪な姿に驚き、命からがら逃げてくるが、この時追っ手に神聖な桃を投げつけたのは、鬼退治の呪術だ。それはともかく……。

鎌倉時代末期に編まれた『宗像大菩薩御縁起』に、磯良丸が登場する。

神功皇后と忠臣の武内宿禰《たけうちのすくね》が新羅《しらぎ》征討に向かおうとしているときの話だ。志賀嶋明神の影向《ようごう》（神や仏が姿を現すこと）した磯良丸、姓は安曇という者が時々陸地にやってきていた。「磯良丸は水陸自在の賢人」ゆえに招いたが、磯良丸は姿を隠し、なかなか姿を現さなかった。そこで武内宿禰は一計を案じ、神代の昔に天岩戸で行った神楽《かぐら》をやってみた。すると磯良丸が亀に乗って現れた。童形で、貝や虫がこびりつき、顔は醜く、その姿ゆえに、表に出たくなかったという。この後磯良丸は熊襲《くまそ》退治を行い、さらに四十八隻の船を与えられ、水軍の水先案内人を命じられたのである。

安曇磯良丸の伝承が記録されたのは中世だが、だからといって荒唐無稽と笑殺することはできない。磯良丸が醜悪な様子だったのは、この男が鬼だったからで、その証拠に『宗像大菩薩御縁起』も磯良丸を「童形」と言っている。磯良丸が海の神で、しかも恐ろしい鬼だったという伝承には、深い意味が隠されていたのだ。

神武天皇と阿曇氏は、「鬼」でもつながっていたわけである。

対馬の不思議な伝承

対馬にも、天皇家と阿曇氏をつなぐ伝承が残されている。

阿曇氏の拠点・奴国と対馬は、兄弟のような関係にあった。たとえば奴国の志賀海神社の祠官は阿曇氏だが、対馬の和多都美《わたつみ》神社の宮司も阿曇氏（現在の姓は長岡氏）で、奴国と対馬の関係を証明する生き証人だ。

「魏志倭人伝」に、朝鮮半島南部から邪馬台国に至る道程が記載され、途中に立ちよる「国々」の「官」と「副官」の呼び名が載っている。その中で、対馬、壱岐、奴国の東隣の不弥国《ふみこく》の「副官」は「卑奴母離《ひなもり》（鄙守）」で共通している。ちなみに奴国のすぐ西隣の伊都国や、邪馬台国（位置は定かではない。筆者は奴国の南方、福岡県みやま市を想定しているが）とは異なる。これは四つの国が奴国を中心にして強く結ばれていたからだろう。

奴国と伊都国はライバル関係にあったから、「奴国、壱岐、対馬の副官の名が同じ」

という現象は、大きな意味を持っている。奴国は長い間、この航路を掌握することで、繁栄を誇っていたのだろう。その証拠に、阿曇氏と対馬の関係は深い。

対馬には多くの和多都美神社があるが、その中でも対馬のほぼ中央に位置する豊玉町仁位《にい》の和多都美神社が『延喜式』(『延喜式』は平安中期に編まれた律令の施行細則だが、ここに載るということは、古く由緒がある神社を意味している)に載る「上県《かみあがた》郡の和多都美神社」と考えられている。和多都美神社の鳥居は遠浅の浜辺に屹立し、潮の満ち引きで、土台が隠れたり現れたりする。沿岸部には、弥生時代から古墳時代にかけての遺跡が散在する。弥生時代の大陸製の青銅器と北部九州からもたらされた広形《ひろがた》銅矛が多数見つかっていて、これが神社の神宝だったようだ。

和多都美の神は白い蛇で、代々継承されてきた神職(長岡氏)の背中にウロコがあると信じられてきた(おそらく入墨だろう)。

社前の渚に、「磯良エベス」と呼ばれる霊石が丁重に祀られている。背面に鱗状の亀裂があって、亀の甲羅か蛇のウロコを思い浮かべる。これは志賀島の磯良(安曇磯良丸)の墓と伝わっているが、社殿が造営される以前の原始の信仰の名残とも考えられている。
和多都美神社の主祭神は海幸山幸神話の主役、彦火火出見尊（山幸彦）と豊玉姫だ。境外の海辺に「玉ノ井」（井戸）があって、ここが「御子（彦火火出見尊と豊玉姫の子・彦波瀲武鸕鷀草葺不合尊。神武の父）誕生の地」と伝わっている。神社の由緒は以下の通り。

和多都美神社は古くは海宮だった。海神豊玉彦命がここに宮殿を建てた。子供は一男二女で、穂高見命、豊玉姫命、玉依姫命だ。ある時、彦火火出見尊（山幸彦）がなくした釣針（鉤）を求めて下ってきた。この宮に留まり、豊玉姫を娶った。そして三年後、釣針を得て帰って行かれた。そこで、宮あとに二柱の神を祀り、和多都美神社と名付けた。また、社殿の近くに豊玉姫の山陵と豊玉彦の墳墓があったが、後の世に嵐に襲われ、神殿はことごとく流されてしまった……。

これは『日本書紀』に記された海幸山幸神話そのもので、阿曇氏は神話の舞台が阿曇氏の勢力圏だったことを主張しているわけだ。また阿曇氏らは、祖神が天皇家の母系の祖だったと語り継ぎ、誇りにしていたのだろう。

やはり、通説も認めるように、神武天皇の「母胎」となったのは阿曇氏の祀るワタツミ神（少童命、綿津見神）で間違いないだろう。問題は、なぜ『日本書紀』が、この関係を断ち切ってしまったのかだ。

これまで、「『日本書紀』は天皇家の歴史を礼讃するために書かれた」と信じられてきたが、実際には、藤原氏にとって都合の良い文書だった。そして、もし阿曇氏が藤原氏の政敵だったなら、天皇家の母系の祖神の正体を、藤原氏は抹殺しようと考えただろう。阿曇氏の活躍を矮小化することで、相対的に藤原氏の権威を高めるためだ。

ただし、ここで大きな謎が生まれてくる。『日本書紀』に従えば、海幸山幸神話は南部九州・日向で展開されたのに、なぜ対馬で、濃厚な豊玉姫伝説が残っていたのだろう。

海幸山幸神話の「事件現場」が、ふたつに分かれてしまう。

神話のロケーションなどにこだわる必要があるのか、と思われるかもしれない。しかし、『日本書紀』は、ただ単純に「阿曇氏とワタツミ」の歴史を隠匿しただけではなかったことになる。玄界灘の覇者・阿曇系の王家（天皇家）が南部九州で暮らしていたという設定が、なぜ必要だったのだろう。

阿曇氏の主張するように、「天皇家は阿曇氏の勢力圏（北部九州）で生まれた」のか、あるいは『日本書紀』の言うように、天皇家は南部九州で揺籃期を過ごしたのだろうか。両者の主張の食い違いはなぜ生まれたのか。

また、考古学的にみても、不可解なのだ。すでに触れたように、ヤマトの纒向には、九州の土器がほとんど入っていなかった。それならなぜ、九州で生まれた王が、ヤマトにやってきたのだろう。やはり、ここに大きな謎が隠されている。

もし私見どおり、神武が疫神を退治する童子だったとしても、なぜ、阿曇系の御子が、選ばれたのだろう。それは女系の祖神が「鬼（少童命）」だからなのだろうか。ならばなぜ、阿曇系の海神だけが童子＝鬼とみなされていたのだろう。

まだまだ、解かなければいけない謎は山積みだ。

謎解きのカギを握っていたのは、「倭の海人」だと思う。そこで、少し遠回りをして、阿曇氏ら「倭の海人」が、いったいどこからやってきたのか、彼らは何者なのか、なぜ橿原宮の神武天皇の周辺に集まった海人たちが縄文の習俗を継承していたのか、歴史の基礎の基礎を確かなものにしておきたい。王家と縄文の海人の不思議なつながりがわかってくるはずだ。

第四章　縄文から続く海人の歴史とその正体

「倭の海人」への評価を示す「新羅本紀」

天皇と縄文人の関係など、これまでほとんど注目されてこなかった。しかし、神武天皇の取り巻きたちは九州の海人ばかりで、しかも彼らに縄文の匂いが漂っていたとなると、縄文系の海人の正体を知りたくなる。

日本列島に暮らす人々のなかに、優秀な海人（海の民）が活躍していたことは、考古学的に確かめられている。すでに縄文時代、日本列島の人びとは、海に潜り、果敢に外洋に飛び出していたのだ。また、縄文人は優秀な商人だった。速い流れの黒潮を横切って、黒曜石を神津島《こうづ》から本州島や八丈島に運んでいたことも分かっている。世界的に有名な海の難所・津軽海峡も、彼らは自在に往来していた（『海を渡った縄文人』　橋口尚武小学館）。しかも縄文の海人の伝統は、継承されていく。

いくつかの文書の中にも「倭の海人」にまつわる記録がある。たとえば「魏志倭人伝」は末盧国《まつらこく》（佐賀県唐津市周辺）の様子を、次のように語っている。

一大国（壱岐）から海を渡って千里行くと末盧国に至る。家は四千余戸あるが、山は海に迫り、沿岸の狭い土地に建つ。草木が茂って前を歩く人の姿が見えないほどだ。魚やアワビを捕ることを得意とし、水の深い、浅い場所かかわりなく潜って捕ってくる……。

『日本書紀』允恭《いんぎょう》十四年秋九月条に、海人の男狭磯《おさし》の話が載る。允恭天皇は淡路島（兵庫県）で狩りをなさり、この時、阿波国長邑《あわのくにながのむら》（徳島県那賀郡那賀川町）の男狭磯が腰に縄をつないで海に潜って大鰒《おおあわび》を捕ってくる説話がある。男狭磯は百メートルほど潜ったと記録されている。この数字、まったくの絵空事でもなさそうなのだ。フィンやガイドロープを使わずに潜水する競技があり、世界記録は百メートルを超えている。それはともかく……。

なぜ倭の海人は、果敢に海に飛び出していったのだろう。

まわりを海に囲まれた島国だから、住民が海人になるのは当然のことと思われるかもしれない。しかし、たとえば朝鮮半島南部は三方を海に囲まれているが、航海を得意としたのは朝鮮半島最南端の沿岸部の人びとだけで、彼らとて、倭の海人の強い影響を受けたと考えられている。あるいは彼らが倭の海人そのものだった可能性も捨てきれないのである。

古代の先進の文物はすべて朝鮮半島からもたらされたと信じられているから、水運も朝鮮半島から一方通行というイメージがある。だが、実態は異なる。たとえば倭の軍勢は、たびたび朝鮮半島に攻め入っている。その様子が朝鮮半島最古の歴史書『三国史記』の中の「新羅本紀」に詳しく描かれている。弥生時代から、倭人は船団を組んで朝鮮半島に押し寄せていたのだ。

紀元前五〇年に、倭人が兵を連ね、「辺《へん》を犯さんと欲す」とあり、その後も、たびたび倭人は海を渡って戦っている。

注目したいのは、二九五年の記事で、新羅王は、倭人の度重なる攻撃に業を煮やし、「百済と謀って海に打って出て、かの国を撃とうと思うがどうであろう」

と提案した。すると、次の発言があった。

「われらは水戦に慣れていません。危険を冒して遠征すれば、おそらく不測の事態を招くでしょう」

この諫言《かんげん》で、新羅王は遠征計画を思いとどまったのだが、海に面した新羅だからといって、航海術に長けていたわけではなかったことが分かる。新羅のある東側の海岸には天然の良港も少なく、海に出るという発想はなかったようだ。

なぜ倭の海人は卓越した航海術を身に付けていて一目置かれていたのだろう。もっとも有力視されていた説は、中国南部の呉や越《えつ》から商人、海の民（白水郎《あま》）がやってきて、倭の海人になったというものだ。そこで、まず中国の白水郎について、考えておかなければならない。話は、古い中国の歴史に飛ぶ。

倭の海人は中国南部の越人？

中国の古代王朝は、殷《いん》から始まるが、それ以前の伝説の「夏《か》」も、考古学の新発見によって、実在していた可能性が出てきた。河南省偃師《えんし》市で紀元前一八〇〇年～紀元前一五〇〇年ごろの中国最古の宮殿建築（二里頭《にりとう》遺跡）が発見され、これがちょうど夏の時代に重なっていたのだ。

夏の伝説の始祖王「禹《う》」は、蛇身で水の神＝龍と信じられていた。治水を手がけ、世界が水没するような大洪水から人びとを救ったことと関わりがあるのかもしれない。南船北馬というように、中国の南部は川や湖が多く、船がなければ生活が成り立たないから、当然水を治めた者が王にふさわしかった。

東洋史学者の岡田英弘は中国の文献を総合すると、夏人の祖は長江（揚子江）やその北側の淮《わい》河《が》流域の原住民だった可能性が高いと指摘している。しかも彼らは東南アジア系で、南方から船に乗ってやってきたという。古くは「龍」と「江」は同じ発音で、長江の南側は、「川」を「江」と書くが、インドシナ半島やビルマ（ミャンマー）、カンボジアの「モン・クメール語」の河川を意味する言葉と発音が同じなのだという（『倭国』中公新書）。

紀元前五世紀ごろになると長江の一帯に国が生まれ、呉や越となっていくが、岡田英弘は、彼ら（越人）が倭人の祖と推理している。越人は華南から北上し、山東半島の南側に進出し、さらに海を渡り、朝鮮半島や日本列島に移住し、海岸の低地を占領したというのだ。その当時の日本列島には、旧石器時代以来の先住民がいて、山の上で焼畑耕作をして暮らしていたという。つまり、倭人は弥生時代に中国南部からやってきた海の民の末裔であり、商人だったとする。

「魏志倭人伝」に、「その昔夏の皇帝少康《しょうこう》の子が会稽《かいけい》（浙江《せっこう》省紹興《しょうこう》市地方）に封ぜられた時、断髪して文身（入墨）をし、蛟龍《こうりゅう》の害を避けた。今、倭の水人が水中に潜るのに入墨をするのは……」とあったのは、まさにこれを指しているという。

また、『漢書』に記された「倭人が百余国に分かれている」という話について、次のように推理する。

> 漢朝の中国が友好団体と認定して、貿易特権を与えた倭人の組織が百いくつあった、という意味であり、それぞれに結び付いた中国商人が背後にいたにちがいない（岡田、前掲書）

このように、岡田英弘は、「倭人」の祖を中国南部の越人に求めている。

民俗学の大家・宮本常一も、岡田英弘の推理を重視し、「倭人と、日本に古くから住んでいる縄文文化人とはかならずしも同一ではないと見てよい」(『日本文化の形成』講談社学術文庫)と断定している。

たしかに、倭の海人と中国東海岸の水人(海人)には共通点が多い。たとえば『日本書紀』『万葉集』『風土記』は、海人を「白水郎」と表記することがあるが、これはなぜかと言えば、遣唐使一行が揚子江下流域で白水郎(中国の白水という土地の水人、海人。潜水漁法もこなした)に連なる人々の存在を知り、海人を「白水郎」と表記するようになったからのようだ。

なるほど、奴国や伊都国の王が、朝鮮半島や中国との関係が密だったこともあり、倭の海人は渡来系ではないかと考えられがちだ。しかし、古代日本の文物すべてが渡来人によってもたらされたという発想は、考古学の進展によって、陳腐なものとなり果てた。

たとえば、かつて渡来人に席巻されたと信じられてきた北部九州沿岸部の弥生時代の埋葬文化は、縄文時代から継承されてきた甕棺《かめかん》を守り続けている。これは無視できない。ここでこだわりたいのは、すでに縄文時代から日本列島で優秀な海人が活躍していたことなのだ。縄文の海人たちである。

倭の海人のルーツを探る

倭の海人が南方系で中国南部出身という指摘は、すでに言い古された感がある。ただし、彼らすべてが中国南部からやってきたとは限らない。すでに触れたように、海人の入墨は縄文時代から変化しながら継承されていることが分かっている。縄文の海人は、中国南部の海人よりも先に、日本列島にやってきていたのだ。

対馬の縄文時代の佐賀《さか》貝塚から人骨が出土していて、その中に潜水漁民によくある外耳道の病理的骨腫がみつかっている。対馬の人は潜ることを「かつぐ」と言うが、この方言は、対馬だけではなく、壱岐、北西九州、西九州、薩摩西海岸で共通だ（永留久恵『海人たちの足跡』白水社）。九州北西部は、縄文の海人の楽園だったのであろう。

『肥前国風土記』松浦《まつら》郡条に、郡の西南の海の中にある値嘉《ちか》郷にまつわる興味深い記事が載る。値嘉郷は、現在の五島列島(長崎県)を指している。

昔、第十二代景行天皇(ヤマトタケルの父)が巡行した時、志式嶋《しししきしま》(平戸島)の行宮《あんぐう》から西の方角の海中に島があるのを見つける。煙が上っているのを見やり、人の住んでいることを知った。そこで、阿曇連百足《ももたり》を遣わした。すると、島は八十ほどあり、その中の二つの島に土蜘蛛(土着の先住民)が住んでいること、また船を停泊させる場所が二ヶ所あり、それぞれに二十艘の小舟、十艘の大きな船を停泊することができた。遣唐使はこの港から旅立った。この島の白水郎(海人)は、馬や牛をたくさん飼っている。また容姿が隼人《はやと》(九州南部の人)に似ていて、つねに騎射を好み、その言葉は俗人(肥前国の人々)とは異なっている。

肥前国の人びとと海人は言葉が異なり、それぞれの生活圏を形成していたのだろう。また、島の人々は隼人の文化圏に属していたと言うが、それは縄文時代から継承されたネットワークだろう。

ちなみに、海の民にとって馬はお宝だったが、対馬の「対州馬《たいしゅうば》」は小型で、これとよく似た馬は、韓国の済州島、トカラ列島、与那国島にいた。船に乗せて連れて行くには、小型の馬が重宝したのだろう。

対馬が「日本列島側だった」ことの意味

ところで、対馬といえば、日本列島よりも朝鮮半島に近いのだから、ここも渡来人で溢れていたのだろうと考えられがちだ。しかし、事情はまったく異なる。対馬は縄文時代、すでに「日本的」だった。その後も壱岐と共に日本的な文化を継承している。日本列島と朝鮮半島の文化の境界線は、対馬の北側の海峡にある。弥生時代が始まったあとも九州北西部と周辺の人骨は縄文人的形質を保ったが、壱岐や対馬も含まれるという(『海人たちの足跡』 永留久恵 白水社)。

たとえば壱岐や対馬の土器は、九州の土器の変遷をほぼなぞっている。縄文土器、弥生土器、土師器《はじき》、須恵器《すえき》の順番だ。もちろん、朝鮮半島の土器も流れ込んでいるが、主体は日本的な土器だ。これに対し朝鮮半島南部は、櫛目文《くしめもん》土器、無文土器、金海土器、新羅土器、伽耶《かや》土器と、まったく異なる変遷を見せる。

なぜ朝鮮半島の人々は対馬に渡って棲みつかなかったのか、実際に現地に立ってみれば分かる。この島に平地はほぼない。八八％は山で、海岸から一気に標高を稼いでいて、稲作民や騎馬民族が、辟易するような地形だ。大陸や半島の人間から見れば、日本列島の入口に位置する対馬は、日本の雛形に思えただろうし、稲作民や騎馬民族は、日本列島全体を、魅力の薄い土地と想像したはずだ。

対馬でレンタカーを借りて旅をすると、すぐ隣の村に行く場合でも、険しい峠を越えなければならず、太古の人間は、浦から浦へ、船で移動していたのだろう。いや、舗装道路が整備された数十年前まで、状況はほとんど変わっていなかったのではあるまいか。

その対馬の様子を、「魏志倭人伝」は、正確に記録している。平らな土地が少なく農業だけでは食べていけないので、南北市糴《してき》（交易）しているとある。平原がどこまでも広がる大陸の人間から見れば、「やむなく海に出ている」と見えたのだろうが、おそらく、大海原を自在に往き来する対馬の海人は、「対馬は重要な交易の拠点」と考えていたにちがいない。海人が対馬に住むことは、むしろ必然でもあったのだ。その海人は、縄文の文化を継承していた。

七世紀から八世紀にかけて、遣唐使船が何度も難破しているため、古代の外洋航海は危険をともなったと、つい考えてしまうが、遣唐使船の場合、見栄を張って分不相応な大きな構造船を作ったのが間違いだった。縄文時代から使い慣れた技術、丸木舟や丸木舟をベースにした準構造船なら、安全に航海できたはずなのだ。と言うのも、丸木舟の利点は、難破しても、絶対に沈まないことで、構造船と比べて、助かる確率が高かったのだ。

また、対馬の海人は何千年もの間に蓄積された「専門知識」「経験知」「海人の勘」を継承していたから、現代人の感覚だけで、「古代の航海は命がけ」と決め付けてはならない。対馬の古老は、対馬北部から対岸の釜山《プサン》まで、櫓を漕いで約八時間ぐらいで行けたと語ったという（『玄界灘の島々』網野善彦、谷川健一、森浩一、大林太良、宮田登編　小学館）。

対馬の海人は、すでに縄文時代から、果敢に海を渡って、物のやりとりをしていた。対馬では大量の縄文土器がみつかっているが、同時代の多彩な韓国系土器もみつかっている。

対馬で使われていた黒曜石は佐賀県伊万里《いまり》市の腰岳《こしだけ》産など北西九州産で、対馬の対岸、韓国の釜山市の東三洞《とうさんどう》遺跡から出土した黒曜石も、蛍光X線分析の結果、対馬と同じものとわかった。また、東三洞遺跡から出土した土器（隆起文《りゅうきもん》土器）は、九州の縄文土器とよく似ている。縄文時代前期から後期まで、縄文土器は朝鮮半島に渡っていたのだ。

対馬の面白いところは、海のまっただ中にあるから、海流に乗っていろいろな物が流れ着き、方々の影響を受けたことで、縄文中期から後期にかけて、シベリアのアムール川やバイカル湖周辺の北方系漁撈文化の影響を受け、しかも対馬や北西九州でさらに進化した漁撈具は、朝鮮半島に逆輸出された。これが「還対馬海流文化」である。

対馬の海人も、縄文の文化や習俗を継承する人びとだった……。ならば、縄文の海人はいったいどこからやってきたのだろう。なぜ、果敢に海に潜り、航海をしたのか。彼らのルーツを探ることはできるのだろうか。

「縄文の常識」を覆した上野原遺跡

縄文の海人を知る上で、貴重な遺跡がみつかっている。それが、上野原遺跡（鹿児島県霧島市国分《こくぶ》上野原縄文の森）である。

上野原遺跡は、日本列島の縄文時代開始期を知る重要な遺跡で、定住化初期の様子を典型的に示している。

昭和六十一年（一九八六）から平成八年（一九九六）にかけて、標高約二百六十メートルの上野原台地の先端部で工業団地造成工事にともなう発掘調査が行われ、遺跡はみつかった。ここは、鹿児島湾を囲む「始良《あいら》カルデラの火口壁」でもある。遺跡から桜島が大きく見える。始良カルデラは約二万五千年前に出来し、さらに一万千五百年ほど前、噴火によって桜島が誕生した。桜島が降らせた灰が「薩摩火山灰」で、この地層の上に、上野原の集落は営まれた。

縄文時代草創期から早期にかけての遺跡で、縄文時代の常識を覆す、最古で最大級の集落跡が発見されたのだ。縄文遺跡と言えば、三内丸山遺跡（青森県）が有名だが、こちらも、衝撃的な遺跡だった。

上野原遺跡がみつかるまで、縄文時代の先端地域は東日本だったと、信じられてきた。ところが、縄文早期前葉に、すでに南部九州では安定した定住生活が始まっていて、最先端の技術を備えた人々が存在したことが分かってきた。たとえば「壺」や「耳飾」（土製と石製。はめ込み式の耳飾）がみつかっている。これらは従来、縄文時代後期から晩期のものと考えられていたが、南部九州では、早期後葉に出現していたのだ。

南部九州は、日本列島の中でもいち早く照葉樹林と中間温帯林（クリやドングリなどが豊富）の豊かな森が形成された土地だ。ここに縄文文化が花開いたわけである。

これまで縄文土器は、縄文時代早期（約一万一千年前から七千年前）ごろ、底の尖った土器が使われ、前期（約七千年～五千五百年前）になると平底になると信じられていた。ところが、南部九州は、縄文早期にすでに平底の土器（円筒形）を使っていた（貝《かい》殻《がら》文《もん》円筒土器文化）。また、貝殻文様に執着しているのは、彼らが海の民だったからだろうか。

縄文時代は東側から発展していったというこれまでの常識も、崩れようとしている。

縄文文化は南部九州から各地に伝播した？

上野原遺跡で注目すべきは、古い地層の七層と六層の遺物だ。七層は縄文早期前葉（一万年～九千年前）、六層は縄文時代早期中葉（八千五百年前）で、その七層からは、竪穴住居跡五十二軒（同時代に集落を構成していたのは、十軒程度）、集石遺構三十九基（石蒸し料理をするための施設）、トンネル状の小さな穴がつながっている連穴土坑十六基がみつかっている。これは保存食を作る、当時最先端の燻製料理施設だった。さらに道の跡二筋、その他多数の土坑がみつかった。土器は貝殻で模様を作り、平底で筒型の、貝殻文系円筒土器だ。石器も大量に出土した。石鏃《せきぞく》や石斧《せきふ》よりも、石皿、敲石《たたきいし》、磨石《すりいし》などの食料加工具が多いという特徴がある。

六層からは成熟した遺物がみつかっている。二百基以上にも上る集石遺構や、埋納された壺形土器が十二個出土している。集石遺構とは石蒸し炉のことで、葉っぱに動物や魚をくるんで、焼いた石の中で蒸し焼きにする。ニューギニアなどで今でも行なわれる調理法だ。

縄文人が煮炊きに使っていたのは「深鉢形土器」と考えられていたし、壺形土器も縄文時代の終わりごろのものと信じられていた。ところが上野原遺跡や南部九州では、深鉢形土器のみならず、縄文早期後葉からすでに壺形土器が使用されていたことが分かったのだ。しかもこれを、祭祀にも用いていたことが分かった。二個の壺形土器が、土坑内に並べて埋納されていたのだ。上野原遺跡は、祭りの場でもあったようだ。

上野原遺跡だけではない。周辺から、数々の貴重な遺物が出土している。鹿児島市掃《そう》除山《じやま》遺跡は日本最古の定住集落。南さつま市栫《かこい》ノ原《はら》遺跡からは、世界最古の丸木舟製作工具（丸ノミ形石斧）が出土している。

縄文時代の常識は覆され、南部九州は「早咲きの縄文文化」の異名をとるようになったのである。

上野原遺跡の周辺から、様々な祭祀に用いたと思われる土偶や石器がみつかっている。その中でも無視できないのは、九州で最古の土偶だ。板状の土偶で、「女性」であることが強調されている。

土偶といえば、縄文時代後期から晩期に東北地方で盛行していたことが知られている。熊本県でも縄文時代後期の出土例があるが、この時代は数が少ない。ちなみに、全国を見渡すと、三重県松阪市の粥見井尻《かゆみいじり》遺跡から、縄文時代草創期の土偶がみつかっているが……。

新東晃一は『シリーズ「遺跡を学ぶ」027　南九州に栄えた縄文文化　上野原遺跡』（新泉社）の中で、すでに縄文時代早期の段階で、南部九州に精神文化の発達がみられること、縄文時代早期後葉には、南部九州の土器の文化圏が九州島のみならず、中国、四国地方へと拡大していて、「南九州の早期後葉の物質文化」のみならず、精神文化も最盛期を迎えていたと指摘している。

南部九州は縄文早期の段階で、すでに照葉樹林が広がり、独自で他に抜きん出た文化を発展させていたのだ。西日本では、早期から前期に移行するころに、植生の遷移が見られ、ようやく照葉樹林が広がっていった。

鬼界カルデラの大噴火から逃れる人たち

ところが、この上野原遺跡の「成熟した縄文文化」が、ある日突然潰え去ってしまう。鬼界《きかい》カルデラが大爆発を起こし、南部九州の縄文社会は、壊滅的打撃を受けた。それが四層目の地層で、屋久島の北側の海底、鬼界カルデラが大爆発（アカホヤ火山灰の堆積）を起こしたのだ。炭素14年代法で調べたところ、六千〜六千五百年前の事件だったことがわかってきた。さらに、精度の高い方法を使い、約六千四百年前と、測定された。日本列島の完新世（縄文時代）で最大の噴火だ。一帯は火山灰で覆われた。南部九州の縄文人社会は、壊滅的な打撃を受け、人が住めるような植生が回復したのは、数百年後のことと考えられている。けれども、すでに文化は断絶し、北部九州系統の土器が流れ込んできたのだった。

鬼界カルデラが噴火した直後、南部九州の住民の多くは南に逃れ、また日本列島各地に散らばっていった。黒潮に乗って東に向かった人たちも多く、伊豆諸島にたどり着いた人もいたようだ。こののち、南部九州で盛行した石斧などの先進の文物が徐々に各地に伝播していったことは、考古学的にも確かめられている。もちろん、散り散りになった人びとが、新天地を求めていったのだろう。そして、南部九州で育まれた先進の文化が、広まっていった。

南部九州で始まった集落構造の計画的配置は、各地で次第に取り入れられ、関東地方でみつかった縄文時代早期後葉の「炉穴」は、先述した上野原遺跡でみつかった燻製用の連穴土坑に形も機能も似ている。この燻製の技術は、約一万二千年前に南部九州ではじまり、中国地方や、四国を経由して、約九千年前に東海地方に、その後関東に伝播していたた可能性が高くなってきた。黒潮本流に沿って、南部九州で盛行した丸木舟を造るための丸ノミ形石斧とよく似た円筒石斧も広まっていく（『遥かなる海上の道』小田静夫　青春出版社）。

また、日本列島の海を利用した交流は、ちょうどこの時代を境に広まっていく。縄文時代前期七千年前〜五千五百年前の縄文海進（温暖化によって水位が上昇した）のピークによって、さらに日本列島の内陸部深くに、海岸線が進出している。

交易も盛んになった。新潟県糸魚川市で産出されるヒスイ（硬玉翡翠）が沖縄から北海道までもたらされた。また三千年前には、すでに双胴《そうどう》着装舟や帆も利用されていたようだ。当時は刳舟《くりぶね》（丸木舟）で、幅は五十センチほど、長さは五〜八メートルあった。十メートルを超える大型の船もみつかっている。外洋を航海する船と考えられている。

そして、南部九州から各地に散った人びとは、北方起源の人びとと血の交流を重ね、日本人の原型を形づくっていく。多彩な遺伝子が混ざった縄文人となっていったのである。また、その中でも九州に生活の場を据えた人びとは、朝鮮半島との間を往き来していたようなのだ。朝鮮半島の櫛目文土器の影響を受けた曽畑式《そばたしき》土器が生まれている。彼らが縄文の海人の伝統を継承した、倭の海人の御先祖様ではあるまいか。

「倭の海人」とスンダランドの関係

ここで持ち上がる問題は、なぜ鹿児島県に、他地域とは異質で、先進の文化が花開いたのか、である。

黒潮に注目する考古学者の小田静夫は、縄文時代に、倭人の海人の祖が、南方から、黒潮に乗ってやってきたと説明している（前掲書）。

黒潮の幅は五十〜百キロメートル、深さ二百〜一千メートル、最大流速は二〜七ノット（一ノットは時速一・八五二キロ）に達する。世界でもっとも早い、最大級の海流だ。柳田国男と島崎藤村の「椰子の実」にまつわる話はあまりに有名だが、南の島から黒潮に乗れば、そのまま日本列島に漂着する。上野原遺跡の住民も、黒潮に乗ってやって来たようなのだ。話は、人類の起源までさかのぼる。

アフリカを飛び出したわれわれの御先祖様たちは、北と南から、日本列島にやってきた。南経由の人びとは、現在のマレー半島東岸からインドシナ半島にかけてかつて存在した沖積平野「スンダランド」にたどり着いた。そして今から五万〜四万年前にスンダランドを飛び出した人びとが、琉球列島経由で黒潮を北上し、日本列島に流れ込んでいたと考えられている。これが、旧石器人である。

やがてヴュルム氷期（最終氷期）は終わり、紀元前一万二千年ほど前から約八千年つづく温暖化によってスンダランドは水没してしまい、多くの住民が海に投げ出され、第二波となる人びとが南方から大海原に舟を漕ぎ出し、南部九州にたどり着いたようだ。

こうして、スンダランドの人々は黒潮に乗って日本にやってきたが、鬼界カルデラの大噴火によって、日本各地に散らばっていき、他の地域の人びとと合流し、いわゆる縄文人が形成されていったと小田静夫は推理したのである。

南部九州にやってきた人びとがスンダランドの海人だったという証拠はあるだろうか。たとえば栫ノ原遺跡（南さつま市）でみつかった栫ノ原型石斧（丸ノミ形石斧）はどうだ。一万二千年前ごろの薩摩火山灰層の下からみつかっている。その後鹿児島県のみならず、宮崎県、長崎県、沖縄県の遺跡でも似た石斧が出土している。石を円筒状に成形し、研磨して丸ノミ状にしたもので、丸木舟を造るための道具と考えられている。

小田静夫は、海人の道具・栫ノ原型石斧の分布域が鹿児島県から南方に延び、黒潮に沿っていることから、ひとつの文化圏を想定することができるという。南方の海洋に適応したスンダランドの新石器人が、積極的に海に漕ぎ出し、黒潮に乗って琉球列島にたどり着き、さらに日本列島にやってきたと言うのである。

遺伝子という証拠もある。人類はアフリカで生まれ、各地に散らばっていったが、

「C系統（Y染色体）」の人びとが、もっとも早い段階にアフリカを飛び出した。彼らはユーラシア南部（インド）からオセアニアに移り住んだが、その途中、東南アジア（スンダランドを含む）で、いくつもの亜型を産み出していた。日本列島には、亜型の中でもC1系統とC3系統がやってきた。C3系統は東アジアに広く分布している。このため、一度内陸部を伝ってシベリアに向かい、日本にやってきたと考えられるようになった。その一方で、C1系統は日本列島だけに住む非常に珍しいタイプで、しかも密度は南側に偏っている。分子生物学者・崎谷満は、C1系統の移動ルートははっきりしない、と慎重な態度を取りつつも、「航海術と貝文土器《かいもん》を携えて新石器時代早期に日本列島の南部に達した貝文文化の民との関連が注目される」と指摘している（『DNAでたどる日本人10万年の旅』昭和堂）。新石器時代早期とは縄文早期で、貝文文化の民は、南方の海洋民を指している。また貝文土器は、縄文早期、前期の上野原遺跡や九州島南部で盛行した土器だ。C1系統の人びとは、南方のどこかの島から、陸地を経ず、直接舟でやってきたために（おそらく黒潮を伝って）、日本列島だけに住む珍しい人びとになったということだろう。また、C1系統の人びとがもたらした航海術が、「海に飛び出して活躍する倭人（縄文人）」を育て上げたのだろう。

上野原遺跡の発見は、「東が常に日本列島をリードしていた」という縄文時代の常識を覆し、さらに南方から人びとが流れ込んできた可能性を高めていると思う。

技術力ゆえに拉致された海人たち

倭の海人が縄文時代にスンダランドからやってきたという推論は、これまでの歴史観を、次々と破壊していく。たとえば、倭人と朝鮮半島の関係も、見直す必要がある。また、これが、ヤマト建国の真相と天皇家の正体を解き明かす、大きなヒントになってくる。

さて、縄文人の南方系の祖は、スンダランドの水没と鬼界カルデラの大噴火の二回にわたって逃避行をくり広げたのだが、スンダランドの場合、時間をかけて消滅していったところがミソだ。温暖化によって、水位が上昇し、大陸はやがて多島海となり、人びとは徐々に海の生活に慣れていったのだろう。ゆっくりとした時間を経て、優秀な海の民は育ち、のちに「倭の海人」になったのではないだろうか。

つまり、日本は島国だったから人びとは大海原に漕ぎ出したのではなく、スンダランドの水没とともに、海に生活の場を求めた人びとが、日本列島にたどり着き、「水を得た魚」のように活躍をはじめたというわけである。

もちろん、弥生時代に中国南部の白水郎（水人）の影響も受けただろう。しかし、九州島北西部の海人たちの遺伝子や習俗が縄文的だったことも分かっている。

彼らの活躍は、やがて「倭の海人」として東アジアに名を轟かすようになった。優秀な漁師としても有名だったようで、『後漢書』によれば、ごっそりと連れ去られるという事件も起きていたようだ。倭国大乱の時代の光和元年（一七八）、東北アジアの鮮卑《せんぴ》族の部族長・檀石槐《だんせきかい》が勢力を拡大したため、人口が急増し、食糧不足に陥った。そこで遼河《りょうが》（中国の河北省を流れる）の支流烏侯秦水《うこうしんすい》（遼寧省《りょうねい》）まで移動してみたが、川で魚を捕ることができなかった。すると、倭人が網を使って魚を捕ることを聞きつけ、倭人国を撃ち千余家の人を移住させたとある。技術力を買われて拉致されたわけである。

そして、ここで特記しておきたいのは、倭の海人たちが、朝鮮半島にも多大な影響を及ぼしていたであろうことだ。朝鮮半島には、北と南から文化が集まってきたが、南側からやってきた文化とは、要するに倭の海人がもたらしたものだ。そして、ある時期、朝鮮半島最南端の多島海地域と日本列島は、文化を共有し影響し合う時期もあったのである。

これまでわれわれは、「朝鮮半島から常に先進の文物が流れ込んでいた」「技術を一方的にもらい受けていた」と、漠然と信じてきた。だからヤマトの王も、渡来系ではないかと疑われてきたのである。

たとえば日本を代表する人類学者だった金関丈夫は、かつて次のように語っていた。

われわれの日本民族の直接の祖型は、弥生式文化なのである。われわれは弥生式文化の遺産をうけついでいるが、縄文式文化からは、直接に何らの遺産をも、うけていない。

この新しい、進歩した弥生式文化の根幹をなす諸要素が、朝鮮半島を経て、北九州地方にまず波及してきた、ということは、考古学上、疑いのないこととされている（『日本民族の起源』法政大学出版局）

今から四十年前に出版された著作だから、無理もない。金関丈夫の名誉のために言い添えておくと、これが当時の常識だったのであり、弥生時代に縄文人の末裔もがんばっていたと発言しようものなら、それこそ、総スカンを食らっていた時代なのだ。ちなみに、金関丈夫の御子息が考古学者の金関恕で、最新の知見から、父親の考えを修正し、稲作は、在地の縄文人が主体的に受容したと指摘している（『弥生文化の成立』角川選書）。

渡来人が縄文人を駆逐したわけではない

考古学の常識は、急速に変わりつつある。地道に遺跡を掘り返している考古学者の多くは、先住の縄文人が渡来系に圧倒され、征服されたわけではない、と考えるようになった。四十年の間に、「土着勢力の伝統（縄文文化）がなかなか消えなかった物証」がそろってきたのである。

まず、弥生時代の始まりは、紀元前三世紀から四世紀とわれわれは教わってきて、北部九州にもたらされた稲作文化は、あっという間に東に伝わっていったと信じられてきた。だが、炭素14年代法によって、弥生時代の始まりは数百年さかのぼり、紀元前十世紀後半だった可能性が高まってきたのだ。しかも、稲作が伝わったあと約二百五十年の間、新文化は北部九州沿岸部に留まったままだった。だから、渡来人が北部九州に押しかけ、瞬く間に稲作は東に伝播していったというかつての「常識」は、もはや通用しなくなったのだ。

その北部九州沿岸部でも、渡来人が周囲を圧倒駆逐して、水田を造っていたわけではない。

縄文後・晩期の西日本の縄文人は、狩猟や漁撈だけでなく、コメ以外の植物（エゴマ、ゴボウなど）を栽培していた。考古学ではこれを「園耕民」と呼ぶ。ただし、彼らは川の下流部には住んでいなかった。稲作がもっとも早い段階に始まった早良《さわら》平野でも、先住の園耕民は、川の中流、上流で暮らしていた。もともと縄文海進によって海面が高かった時代から続く伝統で、いろいろな手段で食料を調達する縄文の園耕民にとって、川の上流側が楽園だったのだ。その一方で、縄文時代の晩期、冷涼多雨で、下流域に稲作に適した低湿地が形成されつつあった。そこで、稲作が始まったのだ。

稲作の担い手は、「全員が渡来人」ではなかった。一帯から出土する土器の多くは、在来民の縄文晩期系土器なのだ。さらに、近畿系の土器と朝鮮半島のものが混ざっていた。中流域の人間が近畿や朝鮮半島の人びとと交流し、川を下り、稲作を始めたことが分かってきた。やはりここでも、かつての常識は、完璧に覆されたわけだ。もちろん、稲作技術を携えた人間がまず渡来し、小さなコロニーを形成し、その噂を聞きつけ、在来民が稲作を選択したのだろう。

対馬の海人は縄文人の末裔

かつて倭人は「渡来してきた弥生人の末裔」と解釈されてきた。たとえば『晋書』倭人伝に、倭人自らが「太伯《たいはく》の末裔」を自称していたという記事があって、「倭人＝渡来人の証拠」のひとつとして受けとめられていた。

太伯は呉国の始祖王で、紀元前十二世紀から同十一世紀ごろの人物だ。はじめ周王朝の王子だったが、継承問題がこじれ江南に逃れ、その地の風俗にしたがい断髪文身し、蘇州《そしゅう》を都にして国を建てた。民俗学者の鳥越憲三郎は、長江下流域や山東半島の一帯に住んでいた人びとを「倭族」と推理した。その呉国は紀元前四七三年に滅んだため、倭族が稲作文化を携えて朝鮮半島や日本列島に亡命し、倭人になったというのである(『古代朝鮮と倭族』中公新書)。

しかしこの仮説も、炭素14年代法によって弥生時代の始まりが紀元前十世紀後半にさかのぼることがわかってしまうと、受け入れることはできなくなった。その時代に呉からの流入もあったかもしれないが、「倭人は呉国滅亡以前に、すでに日本列島に存在していた」と、考えざるを得ないからである。

中国の歴史書や地理書の中で、しばしば「倭人」が登場するが、一貫して「海の民」、南方系の習俗とともに語られている。

また後漢時代に書かれた思想書『論衡《ろんこう》』に、次の記事が載る。

周の時、天下太平にして、倭人来たりて暢草《ちょうそう》を献ず周の時代、倭人がやってきて、暢草（神に捧げる酒に入れる霊草）を献じたと言い、このあと「成王《せいおう》の時、暢を貢じた」という記事もある。紀元前一〇二〇年ごろの話で、縄文時代の晩期に相当する。くどいようだが、呉国が滅亡したのは、そのあとだ。仮に太伯の末裔が日本列島に逃れていたとしても、倭人すべてが、渡来人とは考えられない。「倭人は渡来系弥生人」と信じられていたころ、考古学者の森浩一はその常識を疑い、縄文時代の終わりごろの列島人が、すでに倭人とみなされていたのではないかと指摘した。また、その後『後漢書』や「魏志倭人伝」に「東アジアの国際人として登場した」倭人だが、「その先駆的な活躍と基礎がためは、縄文人たちが営々として築いたものであった」と主張している（『日本の古代1　倭人の登場』　森浩一編　中央公論社）。まさにそのとおりだろう。

これは不思議なことなのだが、北部九州沿岸部に稲作がもたらされた時、対馬には稲作が根づかなかった。その代わり、しばらくして、今度は北部九州から対馬に、稲作の文化が「逆流」してきた。

この事実は意外に重要な意味を持っていると思う。対馬の海の民は、縄文の伝統を継承し、一度稲作の導入を見送っていたこと、渡来人の圧倒的パワーが北部九州に押し寄せたわけではなく、縄文の末裔の北部九州の倭人が稲作を自主的に選択していたことを物語っているからだ。

対馬の海人の祖神も、縄文的だ。他地域の倭の海人たちは、祖神を「鰐《ワニ》」や「龍」と語り継いでいる。「ワニ」は古い信仰だが、「龍」は中国文化の影響を受けている。これに対し対馬の海人が祖神を「蛇」と信じていたのは、縄文の蛇信仰を頑なに守りつづけていたためだ。対馬は朝鮮半島に近いから、住民は渡来系と考えられがちだが、遠い御先祖様は、スンダランドから南部九州を経て他の縄文人と混じり合い、対馬に到来したのだろう。

南部九州と隼人と天皇

さて、なぜこの章で、海人と縄文人の関係にこだわったかというと、大きな理由がある。それは、天皇家の成り立ちの原点を知りたかったからだ。天孫降臨の舞台がなぜ南部九州だったのか。なぜ神武天皇は南部九州からヤマトに向かったのか。作り話でないとすれば、何かしらの理由があったはずなのだ。

とかく「天皇は海の外からやってきた征服王」と考えられがちだった。しかし、神武天皇の取り巻きたちが九州の海人の末裔で、しかも彼らが縄文系となれば、これまでにはない「天皇像」が浮かび上がってくるのではないか。

すでに仮説は用意してある。実在の第十代崇神天皇は疫神の祟りにおびえ、鎮めることのできる巫覡を求めた。それが南部九州の神武天皇だったのではなかったか。ただし、ここには大きな謎が残されていて、多くの場合古代の疫病は、まず北部九州で流行が起き、東に移っていったのだ。古代人は、北部九州に、疫神が舞い下り、毒気を吐いていると考えたのだろう。そうであるならば、疫神の子（鬼退治の鬼）は、北部九州にいたはずなのだ。それにもかかわらず、なぜ南部九州から神武を連れてきたというのか、という謎である。

また、そのヒントを握っていたのは、九州の海人たちではないかと狙いを定めてきた。

しかも、橿原に集まった面々は「縄文的」だった。

無視できないのは、九州の北西部に縄文系の海人がたむろしていたが、すでに九州の西側、有明海から鹿児島県にかけてが多島海になっていて、海人の楽園だっただろうこと、この一帯を自由自在に往き来していたのが、いわゆる隼人だったことだ。

次章で触れるように、隼人はヤマト政権の敵のように見えて、じつは王家と密接につながっていたのだ。

重要なのは、縄文、弥生時代から、九州の西側は、航路が確立されていたこと、弥生時代には、南西諸島から九州島の西側を通って日本海につながる「貝の道」(貝の交易ルート。貝は貴重な装飾品だった)が大いに利用されていたことだ。神武天皇が、その海人たちに守られ、ヤマトに王として迎え入れられ、北部九州の奴国の阿曇氏が、のちに海人の宰に任命されていくのは、九州の北部と西部、そして南部が「海人のネットワーク」でつながっていたからではなかったか。何らかの理由があって、天皇家の祖は北部九州から阿曇氏らとともに南部九州に移り住み、逼塞していたのではなかったか。問題は、この仮説を具体的に再現できるのか、ということである。

なぜ神武天皇は北部九州ではなく、南部九州からやってきたのか、それは多くの史学者が言うように、天皇家の歴史を、なるべく古く、なるべく遠くに見せかけるためのカラクリに過ぎなかったのか、あるいは、本当に神武天皇は南部九州からやってきたのか、もしそれが本当なら、その理由は何か、次章で答えを見つけてみよう。

『日本書紀』の記事の中に、ヤマト建国に至る明確な道筋が、こっそり記されていたのだ。『日本書紀』の記事とヤマト建国時の北部九州で起きていた事件が、ぴったりと重なってくる。

ヤマト建国と天皇家の正体を、いよいよ突きとめてみたい。

第五章　神功皇后と卑弥呼、台与

ヤマト建国の主体は本当に稲作民か？

ではこれまで述べてきたことを前提に、ヤマト建国について、この章からは大胆な推理を展開してみたい。

「天皇は稲作民が担ぎ上げた王」だと、多くの人が考えてきたはずだ。

天皇の執り行う祭祀は、稲作の習俗と密接に関係があるし、弥生時代以降の日本人は、稲作を生業にしてきたと信じられている。

しかし、なぜか神武天皇のまわりには、海の民や商人たちが群がっていた。そして、奈良盆地の利点は、西からの攻撃に強かったこと、そして日本列島を覆う「流通ネットワーク」を掌握できるという地勢上の優位性にあった。こんなことがわかるのは、方々を動き回り、各地の地形を把握していた海人以外に考えられず、とすれば、ヤマト建国の主体は稲作民ではなく、海の民だったのではないだろうか。

そこで、明らかにしておきたいのは、天皇家の母方の地・奴国の歴史だ。『日本書紀』はヤマト建国の歴史から、奴国《なこく》を排除した。それなら、ここに多くの秘密が隠されていたことは、間違いない。日本でもっとも富を蓄えたこの地域が、なぜヤマト建国に出遅れてしまったのか。その理由を探ってみよう。

すでに述べたように、奴国は朝鮮半島にもっとも近い地の利を活かし、交易で富を築いた。博多湾という天然の良港に恵まれ、さらに朝鮮半島との間に壱岐・対馬という止まり木が横たわり、東アジアを代表する海人たちが活躍していた。交易によって、弥生時代後期には大量の鉄器を手に入れた。

『後漢書』倭伝には、倭は韓（朝鮮半島南部）の東南の海中にあること、倭人は山の多い島に村落を形成しているとあり、百国あまり存在すると書かれている。前漢の武帝が朝鮮半島史上最初の国家・衛氏《えいし》朝鮮を滅ぼすと、そのうちの三十の国が、漢に通訳と使者を派遣してきた。それぞれが王を名乗り、王は世襲制だと記録されている。また、建武中元二年（五七）、倭の奴国が使者を送り、皇帝・光武は印綬（志賀島の金印）を授けていた。

奴国王がヤマト建国直前のある時期まで、日本列島を代表する人物の中のひとりだったことは間違いない。そして、だからこそ、奴国の海神の娘が、王家の母系の祖となっても、なんら不思議がなかったことを、確認しておきたい。

ところが、ここから奴国は、数奇な運命を辿っていく。お隣の伊都国（福岡県糸島市と福岡市西区の旧怡土郡）と、ライバル関係にあって、邪馬台国の時代になると、伊都国だけが繁栄し、奴国は衰退していたようなのだ。その要因のひとつは、朝鮮半島から九州島をつなぐ航路にあったのかもしれない。奴国は船旅の終着点だが、その途中に伊都国が存在したのだ。しかも伊都国にも、天然の良港が備わっていた。交易と外交の主導権を伊都国は奴国から奪った可能性が高い。またここで邪馬台国がからんでくるから、問題は複雑になってくる。

そこでまず、「魏志倭人伝」に残された九州島上陸後の邪馬台国に至る道程記事を、先ほどよりも詳しく、伊都国、奴国、邪馬台国を中心に紹介しておこう。これは、二世紀後半から三世紀にかけての話で、奴国が後漢から金印を授かってから百年以上もあとの時代にあたる。

繁栄を誇った奴国と伊都国

朝鮮半島最南端から対馬を経由して、壱岐を出て最初にたどり着く九州島の国が末盧国（佐賀県唐津市周辺）だ。さらに東南五百里に伊都国がある。代々王が立ち、女王国（邪馬台国）に統属され、帯方郡の使者が往来する時、常に留まると記される。伊都国が重視されていたことが分かる。さらに、女王国の北に一大率《いちだいそつ》（統率者）を置いて、諸国を検察させたとあり、この大率は常に伊都国に駐在し、治めていたとある。「中国の刺史《しし》（州の長官）のようなものだ」、と言っている。「魏志倭人伝」は伊都国の記述に、百十一文字を費やしている。邪馬台国を除けば、これは別格といわざるを得ない。かたや奴国の場合、役人の呼び名と「二万余戸」の人口が載るのみで、そのあと邪馬台国に至る道のりが記され、素っ気ない。

伊都国は千余戸（家）で、明らかに人口では奴国が勝っているのに、なぜ、伊都国が重視されたのだろう。

弥生時代中期後半から後期の奴国と伊都国は、連合を組み、共存共栄の道を歩んでいたはずなのだ。対馬や壱岐には、奴国で生産された銅矛が伝えられていて、また壱岐の原の辻遺跡には、伊都国から土器が運び込まれ、対馬や壱岐で出土する朝鮮半島の土器は、伊都国（三雲《みくも》遺跡）に持ち込まれている。

伊都国は奴国と比べれば、可耕地は狭かったが、交易ルートという点に関して言えば、奴国と遜色なく、むしろ優位な場所だった。奴国は前漢の鏡を所持していたが、伊都国は前漢鏡のみならず、それよりも古い鏡を手に入れていたほどだ。金印を手に入れていたから奴国ばかりが目立つが、伊都国も、共に繁栄を誇り、二つの国が、九州島の中でも抜きん出た存在だったことはまちがいない。

たとえば弥生時代中期後半の三雲南小路《みなみしょうじ》遺跡（福岡県糸島市）の伊都国の王墓（三十二×二十二メートルの方形の墳丘墓だったようだ）に、五十二面以上の前漢鏡、銅矛二口、勾玉《まがたま》、管玉《くだたま》、ガラス璧《へき》が副葬されていて、同時代、このような豪奢な副葬品は、ほとんど例を見ない。ただし、お隣の奴国に、少し遅れて、弥生時代中期末に、豪奢な副葬品をともなう王墓が出現している。それが、須玖《すぐ》岡本遺跡で、前漢鏡約三十面、銅矛、銅戈、銅剣、ガラス製璧、ガラス製勾玉、ガラス製管玉が副葬されていた。また近くの須玖遺跡群には、最先端の工房がそろっていて、「弥生最大のテクノポリス」の異名をとる。

二つの国が、紀元前後から急速に発展したのは、「楽浪郡の恩恵」を蒙ったからだろう。楽浪郡を通じ漢とつながることで、奴国と伊都国は発展のチャンスをつかんだのである。

誰が弥生時代後期をリードしていたのか

両者の力は拮抗していて、むしろ伊都国の方が強大だった可能性が高いと見る意見もある。奴国が金印を手に入れたのは、内憂外患に喘いでいた後漢の焦りもあって、たまたま朝貢したから、と言うのだ（『埋もれた金印』藤間生大　岩波新書）。弥生時代後期後半（ヤマト建国直前）に、伊都国が優位に立っていたと思われる物証は、たしかに上がっている。それが糸島市にある平原《ひらばる》遺跡で、平原一号墳には、中国鏡三十五面、仿製鏡《ぼうせいきょう》（中国の鏡を模した国産品）五面、鉄製素環刀大刀《そかんとうたち》、勾玉、管玉などが副葬されていた。鏡の数四十は、ひとつの墳墓から出土した例としては、日本最多だ。中でも国産の内行花文鏡は精巧な作りで、直径四十六・五センチと、世界最大の銅鏡でもある。

埋葬様式も、最先端を走っていた。墳丘墓は弥生時代後期後半に造られているのに、「棺」は古墳時代前期に盛行する割竹形木棺《わりたけがた》（半分に割った丸太を刳り抜いた棺）だった。また、被葬者の頭部からみつかった玉が、女性用だったことから、女王（祭司王）が伊都国を治めていたこともわかった。

こういう物証によって伊都国の繁栄は証明されたが、ある時期まで沿岸部の首長たちは手を取り合って、共同体を形成していたようだ。それを物語っているのが、『後漢書』倭伝の「安帝《あんてい》の永初元年（一〇七）」の記事で、複数の王が共同で使者を送っているところがミソだ。すなわち、独裁的な力を持った王が周囲を圧倒したわけではなかった。

海の民や商人たちは、強大な権力を嫌う傾向がある。対岸の朝鮮半島最南端の通商国家群の伽耶も、やはり統一せず、ゆるやかな紐帯の小国連合を形成していた。

ところで考古学者の多くは、『後漢書』のこの記事の中で倭国王として登場する帥升《すいしょう》を伊都国王と考えているが、そうではなく、奴国王だったとする説もある。相見英咲は『倭国の謎』（講談社選書メチエ）の中で、倭国王は「奴国王→伊都国王→邪馬台国王」と入れ替わっていたと指摘し、初代帥升は奴国の出だというのだ。

奴国の強みは、なんといっても「ネットワーク」にあると、相見英咲はいう。アヅミ（阿曇）系海人が日本列島各地に「入植・植民」した例を挙げ、「魏志倭人伝」には「弥《み》奴《な》国」や「狗《く》奴《な》国」など、九つの「～奴国」が記録されているが、これら「奴」のつく場所（「弥の奴国」「狗の奴国」など）は、すべて「アヅミ氏族が開いた国」で、邪馬台国記事に現れる主要構成国三十の中の約三分の一を占めていると指摘した。

さらに、広開土王碑文や『日本書紀』に登場する朝鮮半島最南端の「任那《みまな》（金海加羅国）」も、「ミマの地の奴国」ではないかと推理し、ミマナは「アヅミ氏と海人たちが朝鮮半島に設けた海人たち＝倭人たちの拠点、であろう」と指摘した。そして、三世紀に朝鮮半島南端に倭人居住地があって、その中心がミマナと推理したのだ。

奴国と伊都国が争い漁夫の利を得た邪馬台国

奴国と伊都国が競っている間に、内陸部の邪馬台国が漁夫の利をさらったという考えも盛んに提出されている。

三王朝交替説で知られる考古学者の水野祐は、「倭の奴国」が貿易通商の利を独占し、強大となって政治的実権を握ったこと、しかし、二世紀半ば、水稲稲作の生産力が高まり、筑後川流域の農業国が次第に経済力を握り団結力にものをいわせ奴国を圧迫し、邪馬台国が女王を立てて、取って代わったと推理している（『日本古代国家』紀伊國屋新書）。

これとよく似た考えを示したのは、邪馬台国北部九州論者の大林太良だ（『邪馬台国』中公新書）。

奴国や伊都国などの沿岸部が交易によって繁栄を誇ると、筑後川流域を中心とする内陸部に反動、不満の動きが出たと考えた。一～二世紀にかけて前漢鏡、後漢鏡が北部沿岸部にほぼ独占されているのは事実だ。内陸部の人間は「相対的貧困化」を目の当たりにして「土着主義運動」を起こし、倭国大乱がはじまり、内陸部の邪馬台国が、勝利したというのである。

「内陸部の邪馬台国が沿岸部を潰しにかかった」という考えは、北部九州邪馬台国論者の中で、強い支持を受けていた。

たとえば「邪馬台国＝甘木《あまぎ》説（福岡県甘木市は朝倉町、杷木町《はきまち》と合併し、朝倉市に）」を主張する安本美典は、奴国と邪馬台国が争い、この結果奴国が衰退したという（『奴国の滅亡』毎日新聞社）。

また、後漢を後ろ盾にしていた奴国は、新興勢力の魏を味方につけた邪馬台国に滅ぼされたと言い、この争いは「魏志倭人伝」に言うところの「倭国大乱」そのものだと推理した。この結果、福岡平野の政治勢力（奴国）は筑後川勢力（邪馬台国）に滅ぼされ、倭国の中心が南側に移ったと安本美典はいう。

つまり、内陸部の邪馬台国が勃興し、伊都国は邪馬台国と手を組むことによって、奴国を圧倒できたということになる。

ちなみに、邪馬台国畿内（ヤマトの纏向）説を採る考古学者・寺沢薫は、伊都国一極集中こそ、ヤマト建国のきっかけになったと推理している。すなわち、伊都国に対する不満が連合国家内部にたまり、瀬戸内以東の諸国も倭国連合の組み合わせを換えようと思い、利害と駆け引きの末に、新たな倭国のフレーム（ヤマト政権）が産声を上げたと説明した（『日本の歴史　02　王権誕生』講談社）。

邪馬台国がどこにあったのか、その前提が違えば、奴国、伊都国にまつわる推論も変わってくる。奴国の盛衰については、邪馬台国北部九州説、畿内説、どちらも、少しずつ当たっているし、少しずつ間違っているように思える。

要は、最新の考古学情報をどのように考えるかにかかってくる。色メガネをかけず、自身の古い考えも一度捨て去って、事実を組み合わせていけば、答えは自ずと導かれよう。

ヤマト建国の時代に没落していた奴国

ひとつだけハッキリしているのは、ヤマト建国の時代、奴国が没落していたことだ。

三世紀になってヤマトに纒向遺跡が出現すると、北部九州沿岸部に、大きな変化が起きている。東側から土器が流れ込み始めていたのだ。そして、奴国も、大きな岐路に立っていたようだ。

どういうことか、説明しよう。

奴国の王都は須玖遺跡群だったが、弥生時代後期前葉に低地に移り、三世紀になると衰退した。春日丘陵上の環濠集落群も解体され、テクノポリスはなくなり、王墓が造られなくなる。奴国はかつての栄光を取り戻すことはできなかったのだ。

また、海岸部に近い那珂・比恵遺跡群や那珂川流域では、奇妙なことが起きている。それは、東側からやってきた外来系の土器が急激に増えていることだ。奴国だけではない。この時代、北部九州の土器は内に籠もり、外から大量に流れ込んでいた。その中心的存在が、奴国だった。

外来系土器は徐々に増えていった。奴国の勢力圏である福岡市の那珂・比恵遺跡群から、庄内甕(庄内式土器、布留式土器は、畿内からもたらされた土器群)が百個以上出土している。同市西新町遺跡から出土した当時の土器は、在来系六三%、ヤマト系二五

%、出雲系九%、吉備系一%、伽耶系二%で、外来系が三七%を占める。

一方伊都国は、纒向に都市が生まれたころ、勢いは衰えていない。集落は維持され、鉄器の量も減っていない。朝鮮半島に、北部九州製の文物が伊都国経由でもたらされ、楽浪郡や朝鮮半島との交易も盛んだった。ただし、纒向遺跡に定型化した前方後円墳・箸墓古墳(箸中山古墳)が出現したころ(庄内式土器から布留式土器への移行期。布留0式。三世紀後半。四世紀の可能性も)、伊都国の三雲遺跡群(福岡県糸島市)が衰退し、大溝が埋められていく。これに代わって、沿岸部に畿内系土器をともなう集落が現れる。また、規模では劣るが、数で言えば、ヤマトに次ぐ前方後円墳密集地帯になっていく。どうやら、「ヤマト連合体」の一部に組みこまれたようなのだ。

これはいったい、何を意味しているのだろう。

なぜ、外来系土器が、一番最初に奴国に到来したのか。そしてなぜ、纒向に箸墓古墳が出現した頃を境に、伊都国にも畿内系の土器が増えるのか。

少し、視野を広げてみよう。ヤマト建国前後の三世紀に、日本列島内で不思議なことが起きていた。それは、「民族大移動」とも言うべき現象で、尾張と近江の一帯から方々に人々が散り、それが起爆剤になったかのように、畿内や山陰から、北部九州に人びとが移っていったのだ。

なぜ、古代人の足取りがはっきり分かるのかと言えば、みな土器を背負って旅をし、あるいは定着した土地で、出身地と同じ形の土器を焼いたからだ。

三世紀の民族大移動は、東海や畿内から九州（東から西）だった。この流れの中で、奴国と伊都国に、畿内の土器が時間差で流れ込んだのである。

さらに、筑後川上流の大分県日田《ひた》市の盆地の北側の高台に三世紀の政治と宗教に特化された環濠集落が築かれたが、ここにも畿内系と山陰系の土器が持ち込まれていたのだ。

いったいこれをどう考えれば良いのだろう。邪馬台国畿内論者は、「建国の勢いそのままに西に進出し、北部九州を席巻してしまった」と考えるだろう。しかし、それほど事態は単純ではない。

やはりここで、再び神武天皇の謎に戻っていくのだ。なぜ『日本書紀』は、「神武天皇の母と祖母は海神の娘」と言い、その一方で「海神の正体」を明かさなかったのだろう。『新撰姓氏録』の記事や北部九州の伝承をまとめれば、海神は阿曇氏の祀る綿津見神（少童命）とみなすことができる。また阿曇氏は、「奴国王の末裔」だった可能性が高い。とすれば、ヤマト政権を代表する「海人」とヤマトの初代王が、奴国でつながってくることになる。そしてこれは、考古学の示す「ヤマト建国前後の東から西への人々の移動」とは、嚙み合わない。奴国が強大な勢力を保持していて東を圧倒したわけでもない。一度は後漢の後ろ盾を得て繁栄を手に入れた奴国だが、後漢滅亡で後ろ盾を失い、伊都国に主導権を奪われてしまった可能性が高い。ならばなぜ、神武天皇の母方が、奴国出身なのだろう。これは、そもそも絵空事なのか。ヤマト建国と邪馬台国を巡る本当の謎は、この複雑な図式の中にこそある。

『日本書紀』記述のネックになった「魏志倭人伝」

天皇とヤマト建国、奴国の謎をどうやって解き明かせばよいだろう。ここまで記してきた事柄が、どうやってつながっていくのだろう。鍵を握るのは、第十五代応神天皇とその母・神功皇后だと思う。

多くの史学者は初代神武天皇と第十代崇神天皇を同一人物と考えた。しかし筆者は、二人は同時代人だが別人と指摘した。さらに、第十五代応神天皇は、神武と同一ではないかと考える（拙著『蘇我氏の正体』新潮文庫）。応神は神功皇后の胎内（胞衣）に長く留まり、朝鮮半島から九州に戻ってきて生まれた。これは、天孫降臨神話のニニギ（天津彦彦火瓊瓊杵尊）にそっくりだ。さらに、神武も応神も、九州から東に向かい、ヤマトの政敵と戦うもはね返され、一度紀伊半島に逃れている。また二人とも、政敵を排除したとき、呪術の力を借りている。

要するに、応神は、天孫降臨神話と神武東征をひとりで演じていたのである。

それにしても、ここまで複雑なカラクリを用意する必要が、どこにあったのだろう。すでに述べたように、八世紀の『日本書紀』編纂時の権力者・藤原氏は、ヤマト建国の真相を後世に伝えることを嫌った。藤原氏はヤマト建国以来活躍してきた旧豪族たちを卑劣な手口で潰してしまったから、藤原氏の正義を主張するために、滅ぼした者たちの輝かしい歴史が邪魔になったのだ。その中でも最大のライバルは蘇我氏だった。

『日本書紀』は蘇我氏を「天下の大悪人」に仕立てあげ、蘇我氏の祖の素姓とヤマト建国時の活躍を、抹殺したかったのだろう。

『古事記』は「蘇我氏の遠祖は建内宿禰（武内宿禰）」と言っているが、『日本書紀』は沈黙を守り、武内宿禰と蘇我氏の関係を断ち切っている。だから、『日本書紀』を読むかぎり、蘇我氏の祖が誰なのか、まったくわからない。『日本書紀』は武内宿禰が神功皇后の忠臣だったことは認めているが、ふたりをヤマト建国の歴史から切り離してしまっている。

一方で『日本書紀』は、武内宿禰の存在そのものを完璧に抹殺することはできなかった。「魏志倭人伝」がネックになっていたからだろう。

「魏志倭人伝」は二世紀後半から三世紀のヤマト建国とほぼ同時代の倭国の歴史を中国側が記録したものと、『日本書紀』編纂当時のインテリ（貴族、官僚、僧）は知っていただろう。したがって、これをうまく料理しないと、歴史隠滅作業は失敗する。蘇我氏の祖の活躍を隠そうとしても、「ヤマトと邪馬台国問題」が邪魔していたのである。『日本書紀』編者の歴史構築の起点は、「魏志倭人伝」だったはずだ。第三者の証言＝「魏志倭人伝」を誤魔化さねばならなかった。初代王の話を三つの時代に分解してしまったのも、「魏志倭人伝」という「歴史の物差し」の価値を半減させ、時間軸をずらすためだったと察しがつく。

しかし、完全犯罪などできないものなのだ。『日本書紀』に登場する武内宿禰が支えた神功皇后の活躍を「ヤマト建国の時代の出来事」とみなして追っていけば、「ヤマト建国の裏事情」がはっきり見えてくる。神功皇后は「考古学の示すヤマト建国をそのまま再現したかのような」行動をとっているからだ。

結論から先にいってしまうと、神功皇后は東（ヤマト）から西（北部九州）に派遣され、奴国と手を結び、九州の邪馬台国（山門県《やまとのあがた》＝福岡県みやま市）の卑弥呼を討ち取り、その宗女（一族の女）を名乗って魏を騙し邪馬台国で王位に就いた台与だった……。

そう考えて『日本書紀』を読み進めると、考古学の示すヤマト建国が、見事に矛盾のない物語として再現できる。しかも、奴国がなぜ、「負けたのに王家誕生の物語にからんでくるのか」その理由もはっきりと分かってくる。

そこで、応神天皇と母親の神功皇后に注目してみよう。

天皇軍と奴国は手を結んでいた

『日本書紀』神功皇后の段に「魏志倭人伝」の邪馬台国記事が引用され、神功皇后と卑弥呼の時代が重なっていることが示されている。

通説は、「神功皇后は創作された架空の存在」といい、一連の記事を無視する。「実在したとしても四世紀末の人だから、これは『日本書紀』編者の付会」、「干支二巡（百二十年）ずらして、無理矢理神功皇后と卑弥呼を重ねてしまっている」と、一刀両断に切り捨てる。しかし、決めつけは良くない。

神功皇后は「神武天皇とそっくりな応神天皇」を産み、「トヨ（豊）の海の女神」と接点を持ち、奴国（儺県《なのあがた》）の阿曇氏（安曇磯良丸）とつながっていたから、要注意人物なのだ。「歴史解明のヒント」を抱えた女傑であり、「曲者」でもある。

『日本書紀』の失敗は、神功皇后の段に「魏志倭人伝」を引用したことだ。よもや千数百年後に、邪馬台国やヤマト建国の真相を明かすべく、地面を掘り起こして物証を探すという酔狂なマネをする輩が現れようとは、夢にも思っていなかっただろう。しかし、考古学の物証と『日本書紀』の記事を重ねることで、「邪馬台国の時代の人かもしれない神功皇后の正体」は、ハッキリと明かすことが可能になった。

『日本書紀』仲哀天皇二年三月条から、神功皇后らの活躍は始まる。角鹿《つぬが》（福井県敦賀《つるが》市）滞在中の神功皇后は、九州のクマソ（熊襲）が背いたとの報に接し、その足で穴門《あなと》（山口県下関市）に向かい、紀伊に行幸中だった夫・仲哀天皇と合流した。

九月には穴門豊浦《とゆら》宮を建て、ここに長逗留を決めこむ。そして六年後の仲哀天皇八年春正月、一行は突然重い腰を上げ、筑紫（九州）に渡った。

問題は、ここからだ。

時に、岡県主《おかのあがたぬし》（岡は福岡県遠賀郡芦屋町。岡県主は、岡の地域の首長）の祖・能鰐《わに》は、仲哀天皇の噂を聞きつけ、船に五百枝《いおえ》の賢木《さかき》を立て、神宝をかけて服従の印にして、周《す》芳《わ》（周防・山口県防府《ほうふ》市）で出迎えた。能鰐は仲哀天皇一行の水先案内をし、岡水門《おかのみなと》（福岡県遠賀郡芦屋町の遠賀川河口）に導いた。

次に、筑紫の伊都県主《いとのあがたぬし》（伊都は伊都国だ）の祖・五十迹手《いとて》がやはり神宝を船にくくりつけ、出迎えたため、天皇は五十迹手を褒め称えた。

こうして仲哀天皇と一行は、橿日宮《かしひのみや》（香椎宮。福岡市）に入る。橿日宮は奴国の領域だ。

神功皇后「六年の逗留」の深い意味

さて、ここに大きな問題が潜んでいる。ヤマト建国直前の情勢を思い返してみよう。北部九州は出雲と吉備を抱き込んで鉄が東に流れないように、関門海峡を封鎖していた。ところが吉備は、「北部九州＋出雲連合軍」から脱退し、ヤマトに合流し、その後出雲もヤマトに靡いていた。ここにヤマト建国の第一歩が踏み出されていたのだ。

神功皇后が日本海を西に向かったのは、まさにこの時だろう。神功皇后らは関門海峡の制海権を奪いに行ったと考えられる。豊浦宮の長期逗留は、北部九州側の激しい抵抗に遭ったためだろう。

これは興味深いことだが、源平合戦の最後の舞台となったのは関門海峡（壇ノ浦の戦い）で、勝者となった源義経は、まさに豊浦宮の沖合から大船団を進めている。地図を見ていただけでは分からないが、関門海峡を制するには、豊浦宮に拠点を造る必要があったのだろう。海人にしか分からない、経験知が示す「地の利」だ。海流をうまく活かして関門海峡を制するには、ここしかなかったのではないだろうか。

これもすでに述べたが、北部九州の防衛上のアキレス腱は大分県日田市の盆地で、ここにヤマト建国の前後、畿内や山陰の土器が流れ込んでいたことが分かっている。豊浦宮の戦略上の意味は、関門海峡に睨みをきかせると同時に、日田に向けての補給基地になり得ることで、豊浦宮を押さえている間に、日田に軍勢を送り込み、地盤をしっかり築き上げたのだろう。六年の長逗留の意味は、これではっきりとする。

日田を奪われた段階で、北部九州の沿岸部の首長たちは、「もう守り切れない」と観念し、仲哀天皇と神功皇后に恭順してきたのだろう。つまり、『日本書紀』の記事は、荒唐無稽なお伽話ではなかったのである。

そして、次の問題が浮上する。それは、奴国と伊都国を巡るあれこれだ。

まず、『日本書紀』の記事から読み取れるのは、北部九州沿岸地帯の首長たちを代表していたのが、伊都県主（伊都国王）だったことだ。豊浦宮の仲哀天皇と神功皇后は、伊都県主が最後に恭順してきて、ようやく重い腰を上げ西に向かったのだ。「魏志倭人伝」は、伊都国が、沿岸部を代表していたと記録している。『日本書紀』の記事は正確で、まさに当時の状況そのままといってよい。

ならば、奴国はどうだろう。仲哀天皇は宮を旧奴国の儺県に築いた。航空写真を見れば分かるように、橿日宮は東側からやってきた軍勢が福岡平野を支配するためには「こうしかない」場所なのだ。何かしらの史実があって、だからこそ歴史に残ったと考えられる。

ただしそうなると、ひとつ謎が浮かびあがる。奴国の首長が恭順して出迎えなかったことだ。それにもかかわらず、なぜ仲哀天皇は奴国に行宮を築いたのだろう。

奴国が白旗を挙げていないのに、押しかけていってその土地に根を張ったのなら、最初から両者は手を結んでいたということではあるまいか。奴国は伊都国との主導権争いに敗れ、失地回復の手段として、密かにヤマトと手を組んでいたのだろう。奴国に畿内の土器が大量に流れ込んでいたことは、すでに触れてある。やや遅れて伊都国にも流入した。これは神功皇后らの九州入りの図式そのものなのだ。

やはり、奴国は「ヤマトに内通し、裏口を開けて軍勢を招き入れた」のだろう。神功皇后をヤマト建国時の人物と考えれば、『日本書紀』と考古学の間に矛盾がなくなる。『日本書紀』は「これはヤマト建国時の話ではない」とすっとぼけているから、これまで真実が見えてこなかっただけの話だ。しかし人の流れを示す土器の発見など考古学の物証が、神功皇后の行動の意味を明らかにしてしまった。

このの ち仲哀天皇は神託を無視したために急死し、神功皇后は山門県（福岡県みやま市）の女首長を退治し、反転し、朝鮮半島の新羅を攻め、九州に凱旋したあと応神を生み落とし、ヤマトに向かう。これが、神功皇后の九州征討、新羅征伐の一部始終だ。ちなみに神功皇后が攻めた山門県こそ、邪馬台国北部九州説の最有力候補地である。

こうして、『日本書紀』の描く神功皇后と武内宿禰の活躍から、ヤマト建国のみならず、邪馬台国の真相も、明らかになってくる。神功皇后は、ヤマト建国の直後、北部九州に遣わされた女傑・台与（豊）だろう。また、神功皇后（台与）に討たれた山門県の女首長が、邪馬台国の卑弥呼ではなかったか。

本居宣長の「邪馬台国偽僭説」

江戸時代の国学者・本居宣長は、邪馬台国偽僭《ぎせん》説を掲げている。北部九州の女王（女首長）の卑弥呼は魏に朝貢し「われわれがヤマト（邪馬台国）」とウソの報告をしたというのだ。本物のヤマトを出し抜き、親魏倭王《しんぎわおう》の称号を獲得することに成功したという（『馭戎慨言《からおさめのうれたみごと》』）。筆者も、これが正解だと思う。私見に照らし合わせれば、ヤマトとは纒向の政権で、日の出の勢いのヤマトの名は、すでに中国にも知れ渡っていたのかもしれず、北部九州の卑弥呼は、「先に親魏倭王の称号を獲得した方が勝ち」と考えたのだろう。

北部九州の王たちには、「ヤマト何するものぞ」という気概があっただろうし、「富の蓄積」「鉄器の保有量」という点に関していえば、明らかにヤマトを圧倒していた。朝鮮半島に近いという地の利もあった。東アジア情勢の変化にも敏感だったから、朝鮮半島に進出してきたばかりの魏に取り入って、正統性を認めさせてしまったのだろう。これで、怖いものはないと考えたにちがいない。しかし、ヤマトは軍団を九州に派遣した。その中に、巫女王・神功皇后が加わっていたのだろう。

北部九州は「東側から攻められると弱い」という弱点を抱えていたから、「関門海峡が最大の防衛ライン」と考え、踏ん張り、神功皇后らの通行を長い間押し止めたにちがいない。さらに、関門海峡の制海権を奪われ、日田の盆地をとられた時のために、天然の要害・高良山《こうらさん》（福岡県久留米市）の背後に、新たな都を築いたのだろう。それが、山門県だった。仮に、北部九州の中心が伊都国だとしても、沿岸部で東側の勢力と戦うとなると、リスクが大きかった。この時代の鉄器は、福岡県から熊本県にかけて高い密度で分布しているが、中国との関係を示す銅鏡の数では、沿岸部が内陸部を圧倒していたから、やはり政治の中心は沿岸部にあったはずなのだ。しかし、「北部九州全体の防衛」を考えるなら、首都は筑後平野に遷す必要があったのだろう。

高良山の重要性は、「日田の盆地から流れ下ってくる敵」を想定すれば理解できるし、高良山から東に延びる耳納《みのう》山系が、兵粮攻めを困難にしている。攻撃側が包囲できないのだ。また、筑後川と筑後平野を睥睨するこの地は、「天下の天下たるは、高良の高良たるが故なり」と称えられたほどの戦略的要衝で、中世戦国時代に至っても、北部九州のカナメとして重視されていく。この高良山に守られた場所が、邪馬台国（山門県）であり、邪馬台国は伊都国に一大率を置いて、大切な港湾を確保したのだろう。

邪馬台国の卑弥呼が親魏倭王の称号を獲得した以上、ヤマトは、そう簡単に手出しできないという読みもあっただろう。しかし、卑弥呼は策を誤ったと思う。「魏志倭人伝」は、邪馬台国が狗奴国との交戦中に卑弥呼は亡くなったと言い、その後紆余曲折を経て、卑弥呼の宗女・台与が王に立ったとある。これも、以下のように私見に当てはめると、すんなり理解できる。

『日本書紀』の描く神功皇后の九州征討は、山門県の女首長を殺すことで、ひとまず終えている。かたや「魏志倭人伝」は、邪馬台国の卑弥呼が魏に向かって、「南の狗奴国が攻めてきた」と報告したとある。卑弥呼は「畿内のヤマト（邪馬台国）が東から攻めてきた」と魏に言えなかったから、ヤマトではなく「南の狗奴国が攻めてきた」といわざるを得なかったのだろう。

ところでこの狗奴国、ヤマトそのものではなく、「奴国のやつらがヤマトに寝返った」

から、「狗＝犬」をつけて「狗奴国」と蔑称で呼んだ可能性がある。また、奴国は「海人の連携」で隼人とも繋がっていた可能性が高く、隼人は吠声《はいせい》（犬の鳴き真似）を得意とし、朝廷の儀礼でも重用されたが、当時は隼人と言えば「犬（狗）」を連想したのであり、狗奴国とは、奴国や隼人が敵に回ったことを意味していたのかもしれない。もちろん、隼人も南方系の海の民だ。

またこのあと、台与（神功皇后）が王に立ち、魏に対し「私は卑弥呼の宗女」と報告したのは、卑弥呼殺しが露顕すれば、魏を敵に回すことになるからだろう。その点、神功皇后が九州の地で女王に立ったのは、ヤマト側の意志ではなく、成り行き上ということになりそうだ。

魏に海の民の神宝・ヒスイを贈った台与

卑弥呼と台与の間に横たわる大きな断絶は、魏に贈った品の違いから察することができる。「魏志倭人伝」には、景初二年（二三八。景初三年の誤り）、卑弥呼が魏に奉ったのは「男の生口《せいこう》（奴隷）四人、女性の生口六人、斑布《はんぷ》（斑織《まだらおり》の布）二匹二丈」とある。景初四年には、再び使者を遣わし、生口、倭錦《わきん》、赤と青の絹、綿入れ、白絹、丹木、木の小太鼓、短い弓と矢を献上している。特別豪勢な品物を差し出したようには見えない。これに対し、台与は、バージョンアップしている。「男女の生口三十人、白珠五千、青く大きな勾玉二個、珍しい文様の雑錦二十匹」で、明らかに豪勢になっている。また、白珠は真珠で、青い勾玉は硬玉《こうぎょく》ヒスイと、どちらも海の民の神宝だ。

「真珠」は、対馬の名産品だった可能性が高い。長細い対馬のちょうど真ん中あたりに浅茅湾《あそうわん》があって、湾の中が多島海という美しい場所なのだが、ここで真珠がとれた。真珠はヒスイ同様海からもたらされる海神の宝物だ。

『万葉集』巻第七の一二九九から一三〇三の歌は、真珠にまつわる歌が並べられ、真珠は海神の持ち物で、なかなかみつからず、潜る海人は何度も祈って海神の心を摑もうとしていたとある。なかなか手に入らないからこそ宝物なのであり、また、神から授かったと考えたのだろう。

真珠は海に潜って取るが、鉱物のヒスイも、海と密接にかかわっている。

縄文時代からヒスイは大事にされ、しかも新潟県糸魚川市の海辺で産出されるヒスイが珍重された。海の荒れた日の翌日、ヒスイが海岸に打ち上げられる。実際には、姫川上流から流れ下ってきたヒスイが、日本海に出て、潮の流れに乗って押し戻されてくるのだ。いずれにせよ、古代人にとって、ヒスイは水の神、海の神から授かる神宝と考えられていたようだ。神功皇后が穴門豊浦宮滞在中に海神から潮満瓊《しおみちのたま》と潮涸瓊《しおひのたま》（如意珠《にょいのたま》）をもらい受けていて、これは潮の満ち引きを自在に操るお宝だが、潮の満ち引きによってもたらされるヒスイだからこそ、潮満瓊と潮涸瓊と考えられたのである。

ちなみに、ヒスイは古墳時代に入っても大切に守られ、その後蘇我氏全盛期には、政権の手でヒスイの製造は独占、管理されるようになった。ところが、藤原氏が権力を握ると、ヒスイは捨て去られていくのである。

それはともかく、「潮の満ち引きを自在に操る珠」を海神からもらい受けたのは神功皇后だけではない。海幸山幸神話の中で、山幸彦が海神からもらい受け、この珠を使い、意地悪をした兄を懲らしめている。

ヒスイは日本海の誇る神宝であり、古墳時代には朝鮮半島にも「輸出」され、新羅の王冠に飾られもした。

卑弥呼ではなく台与が魏にヒスイを贈ったのは、海人のネットワークを通じて越《こし》（北陸）から山陰地方にかけての日本海側の流通ルートをヤマトが掌握していたからだろう。日本海（越）のヒスイと対馬の真珠の双方を手に入れられた台与は、「日本海からやってきて奴国と手を組んだ神功皇后」だったということだろう。

第六章　神武天皇と南部九州

最後の謎

ヤマト建国の真相と天皇家の正体を明らかにしようと、ずいぶん遠回りをしてきた。

謎解きのために掲げた仮説は、いくつもある。初代神武天皇と第十代崇神天皇は同時代人だが別人で、神武は疫神を鎮めるために、九州から連れて来られたのではないか、そして、第十五代応神天皇は、神武天皇と同一なのではないか、と問いかけた。さらに、応神（神武）の母・神功皇后は邪馬台国の時代の人ではないかと推理した。神功皇后は邪馬台国の女王・台与で、ヤマトから九州に派遣され、邪馬台国（山門県）の卑弥呼を討ち取って王位に就いていた可能性が高い。たとえば『日本書紀』に描かれた神功皇后の行動と考古学の示す「ヤマト建国前後に北部九州で起きていたこと」を重ねてみると、偶然とは思えない精度で、符合していたことが分かってきた。しかも神功皇后は、天皇家の母方の祖（海神）を祀る阿曇氏（安曇磯良神、磯良丸）と強く結ばれていたのだ。これは、無視できない。神功皇后は、ヤマト建国の最大の功労者であり、古代史解明の大きなヒントを握っていたのである。

ただここで、最後の謎に突き当たる。「なぜ神武天皇は南部九州で暮らしていたのか」である。

ならば、仮説をもうひとつ用意しよう。邪馬台国の卑弥呼を討ち取って王位に就いた台与だが、最後はヤマトに裏切られ、南部九州に逃れ、ヤマトを恨んでいたのではないか。そして、ヤマトを呪う一族の中に生まれたからこそ、神武天皇は鬼だったのではないか……。それだけではない。神功皇后や神武天皇は九州でヤマトを呪ったが、ともに敗れた奴国の阿曇氏も、虐げられ、天皇家の祖とともに零落していったのだろう。だからこそ、伝承の中で神功皇后と伝説の阿曇氏の祖・磯良丸が関係を持ち、しかも磯良丸は、ヤマトを憎み、祟り神となり、「醜い鬼のような姿の磯良丸の物語」が語り継がれたのではなかったか。

では、このような推理を証明することは可能だろうか。いよいよ、最後の謎に迫ってみよう。神功皇后（台与）のその後の足跡を追ってみる。

ヤマトに裏切られた台与の恨み

新羅征討を終えた神功皇后は、北部九州で応神を生み、そのままヤマトに向かったと『日本書紀』は記録する。そして、ヤマトに戻った神功皇后は応神の成長を待ち、摂政となった。しかし、六十九年間摂政であり続けたという話は不可解きわまりない。神功皇后は、実は、ヤマトに戻ることができず、九州で埋没していたのではなかったか。

邪馬台国の卑弥呼を潰すために、ヤマトは神功皇后（台与）を遣わした。計画はうまくいったが、「親魏倭王＝卑弥呼」を殺してしまったから、魏には台与（神功皇后）を「卑弥呼の宗女（一族の女）」と報告した。おそらく、奴国王が台与を王に立てたのだろう。しかしこれで、ヤマトとの間に、微妙な隙間が生まれてしまったことは間違いない。

ヤマト政権と九州の台与の間に生まれた疑心暗鬼は、黎明期のヤマトの内部分裂につながったろう。いまだ、誰が主導権を握るのか、はっきりと決まっていない段階で、やむを得なかったとは言え、ヤマトと北部九州に二つの拠点が出現し、しかも、本来ならヤマトの出先機関に過ぎなかった北部九州の台与が、抜け目なく魏に使者を送り、虎の威を借りていたのだから、ヤマトは穏やかではいられなかっただろう。

ただし、このあと大きな変化が起きる。日本海側の諸勢力が一度衰退し、瀬戸内海勢力が勃興していたと考古学の発掘調査の成果は指摘している。たとえば山陰地方を代表する弥生時代後期の妻木晩田《むきばんだ》遺跡（鳥取県西伯郡大山町富岡・妻木・長田から米子市淀江町福岡）や青谷上寺地《あおやかみじち》遺跡（鳥取市青谷町）がヤマト建国後衰退し、出雲でも巨大な四隅突出型墳丘墓は造られなくなった。繁栄を誇っていた山陰地方の集落の規模が、しぼんでいったのだ。出雲の中心勢力も、この時没落していた。その理由は、朝鮮半島とヤマトをつなぐ日本海と瀬戸内海の流通ルートの主導権争いが勃発していたからだろう。

話を少し巻き戻そう。神功皇后は九州遠征に向かう際、なぜか角鹿（福井県敦賀市）から日本海づたいに穴門豊浦宮（山口県下関市）に向かい、瀬戸内海を西に向かってきた夫の仲哀天皇と合流している。さらに橿日宮で仲哀天皇が変死したという『日本書紀』の「設定」も、意味深長だ。この夫婦はヤマト政権を構成する二大勢力、「日本海勢力」と「瀬戸内海勢力」を象徴的に表していたのではないかと、筆者は疑う。

　邪馬台国の卑弥呼を討ち取ったあと、いったんは日本海勢力が神功皇后を押し立て、主導権を握ったが、両者の亀裂は決定的になったのだろう。こののち五世紀前半まで、瀬戸内海の吉備は大きく発展していくのだから、結果的に、神功皇后（日本海勢力）はヤマトの軍勢に攻められ敗れたのだろう。

『日本書紀』は、神功皇后の記事の中で、倭から晋に使者が送られたという『起居注《ききょちゅう》』の記事を示しているが、ここを最後に、中国の歴史書からも、台与はフェードアウトしてしまう。台与はどこに消えたのだろう。『日本書紀』に登場するヤマトの初代王は男王で、それ以降六世紀に至るまで、女王は登場しないのだから、台与は歴史から姿を消してしまったのだ。

　台与はヤマトに裏切られたのだろう。そして、北部九州から有明海に漕ぎ出し、日向に逃れ、これが天孫降臨神話になったと思われる（拙著『古代史謎解き紀行Ⅲ　九州邪馬台国編』新潮文庫）。天孫降臨神話の中で、天上界から日向の襲《そ》の高千《たかち》穂峰《ほのたけ》（宮崎県と鹿児島県の県境の高千穂峰と宮崎県西臼杵郡高千穂町の二説あり）に舞い下りたアマテラスの孫・ニニギは、徒歩で笠狭碕《かささのみさき》（鹿児島県の野間岬）にたどり着いたという。「天上界から降臨した場所が高千穂峰」は神話で、「本当の上陸地」は野間岬だろう。有明海から多島海を南下すれば、自然と野間岬に行き着く。神武天皇が南部九州からヤマトに向かったという話は、この台与の逃避行と関わりがある。

裏切られた台与や、敗れ去った貴種たちは、ヤマトを恨み、呪ったにちがいない。

第二章で述べたように、実在の初代王と目される第十代崇神天皇の時代に、疫病で人口が半減する事態に見舞われたと『日本書紀』はいう。すると三輪山（奈良県桜井市）の大物主神の子を連れてきて祀らせればよいと、神託があって、そのとおりにしたら、世は平静を取り戻した。要は、台与たちを裏切ったヤマト政権が、疫病を「台与の祟り」と信じ、台与の末裔をヤマトに呼び寄せ、祭司王に立てたということだろう。台与の子ら王家の祖は、日向の地に逼塞し、ともに落ち延びてきた奴国王の娘たち（海神の娘でもある）と婚姻を重ねていったのだろう。

志賀島の金印から浮かび上がってくること

もちろん、このような推論は、これまで誰も唱えてこなかったから、戸惑われる方も多いだろう。しかし、二つの物証によって、神功皇后（台与）と奴国の貴種がヤマトに裏切られ、敗走していた可能性が高まる。鍵を握っているのは、志賀島の金印と大分県日田市でみつかった金銀錯嵌珠龍文鉄鏡《きんぎんさくがんしゅりゅうもんてっきょう》だ。これらの証拠は、謎めいたヤマト建国のジグソーパズルの最後の穴を埋めるピースになりそうだ。

二つの物証には、共通点がある。まず第一に、どちらも後漢からもらい受けた至宝ということ、第二に、貴人の墓に副葬されていたわけではなく、ぞんざいに地中に埋められていたことだ。その理由を突きつめていくと、矛盾のない物語が浮かび上がってくるのである。ひとつずつ片づけていこう。まずは、志賀島の金印に注目してみよう。

今でこそ志賀島まで海ノ中道（砂嘴《さし》）が通じ半島状になっているが、当時は島だった。面積は五・七八平方キロメートル。

志賀島で金印が発見されたのは、天明四年（一七八四）二月で、発見したのは「那珂郡志賀島村百姓甚兵衛」だ。水田の溝を修復していると、小さな石がゴロゴロ出てきて、最後に二人で持ち上げるほどの石を取り除くと、光る何かを見つけたのだという。そこは、傾斜のある土地で、すぐ目の前（二間半＝四・五メートル）が海だった。普通なら、こんなところにお宝は埋めない。

すでに触れたように、『後漢書』倭伝は、「倭の奴国に印綬を授けた」と記録していた。「印綬」は、印章とこれに附随するツマミ「鈕《ちゅう》」のことだ。志賀島の金印の鈕は蛇で、とぐろを巻いていた。体に魚子文《ななこもん》が刻まれているが、これはウロコを表現している。「奴国王の祖神が蛇」という伝承にあわせて鋳造したのではないかと、考えられている。大きさは一辺約二・三五センチで、これは後漢初期の一寸に相当する。「漢委奴國王《かんのわのなこくおう》」の五文字が三行に彫られていた。贋作ではないかと考えられていたが、今では、数々の証拠が集まり、本物と分かった。

奴国王が後漢からもらい受けた金印ならば、後漢滅亡後、王墓に副葬されてもおかしくはなかった。石の下に埋もれていたのは、奇妙だ。だからこそ、贋作説が、有力視されてきたわけである。

しかし、もし神功皇后に荷担した奴国が、周辺の国から疎まれ、神功皇后がヤマトに裏切られた時点でともに追い込まれていたとしたら、この金印の「処置方法」に、深い意味が隠されていたとしか思えない。結論を先に言ってしまえば、急襲され対馬に逃れようとした奴国の王族が、「いつかこの地に戻ってきたときに、再びこの金印を手に入れられるように」と願い、あるいは、金印の呪力によって、追っ手からうまく逃げおおせるように祈り、志賀島に埋めたのではなかったか。

金銀錯嵌珠龍文鉄鏡が土に埋められた意味

次に、金銀錯嵌珠龍文鉄鏡の謎を追っておこう。

昭和八年（一九三三）、久大本線《きゅうだいほんせん》建設中、盛土用の土を採取している際、ダンワラ古墳（大分県日田市日高町）の石棺の中から刀、馬具、勾玉、錆びだらけの鉄の塊がみつかった。鉄の塊はこののち数奇な運命を辿り、戦後奈良の古物商から、考古学者梅原末治が買い取り、研ぎ出してみると、後漢鏡と判明した。鋳鉄《ちゅうてつ》製で、直径二十一・三センチ、厚さ二・五ミリ。裏面には八匹の龍を金と銀で表現し、目に緑色の石英がはめられていた。鏡の縁は渦雲文《かうんもん》で、後漢では王族や高貴な人物でないともてない貴重な鏡だった。

まず、「古墳から出てきた」と記録されているが、これが怪しい。考古学者が立ち会っていたわけではないし、地元の方々は、土砂が崩れ、その中に宝物が混じっていた、と語り継いできた。だから梅原末治も、土中から出たと言っている。それにもかかわらず、なぜ「古墳から出てきた」と、「想像を事実のように決め付けるのか」と言えば、これほどの至宝が、ぞんざいに埋められているはずがないという、「常識」があるからだろう。しかし、「土砂と一緒に崩れ落ちてきた」という地元の言い伝えを、無視することはできない。

とすると、日田市の金銀錯嵌珠龍文鉄鏡は、志賀島の金印と同じように、後漢と関わりのあった何者かが、大切なお宝を、あわてて土の中に埋めてしまった可能性がでてくる。これはいったい、何を意味しているのだろう。

九州国立博物館学芸部の河野一隆は、伊都国との主導権争いに敗れた奴国王が、伊都国王にお宝が渡らぬよう、金銀錯嵌珠龍文鉄鏡を日田にもちこんだのではないかと指摘している（「西日本新聞」二〇〇七年十一月六日）。要は、奴国を追われ、日田にお宝を埋めた、というのだ。そして、奴国の悲劇は、台与（神功皇后）の敗北と逃亡につながる。

これまで述べてきたように、東の勢力が北部九州を攻略するには、日田の盆地と櫃日宮を奪う必要があった。だから、台与が北部九州を支配するには、この二つの拠点を重視したはずだ。事実、福岡市と日田市には、神功皇后伝承が満ちている。金印も金銀錯嵌珠龍文鉄鏡も、どちらもヤマトの戦略上の拠点のそばからみつかっているところがミソだ。台与は北部九州勢力を支配するために、ふたつの拠点を重視し、台与を裏切ったヤマトは、櫃日宮と日田盆地を襲ったのだろう。そして、「ヤマトが裏切り、奴国勢力が逃げ惑い、その際にお宝を隠していった」と考えると、辻褄があう。奴国から船を漕ぎ出し、壱岐、対馬に向かった人たちは志賀島に金印を埋め、復活した時のために大きな石を目印にした。日田から逃げた人たちも、金銀錯嵌珠龍文鉄鏡を土に埋めて、筑後川を下ったのだろう。

なぜ神功皇后は南に逃げたのか

筑後川を下れば、有明海に出る。そこから海の民の楽園＝多島海を南に進路をとれば、阿多地方に到達する。すでに触れた野間岬のある天孫降臨の地で、隼人の勢力圏でもある。阿多・大隅は、隼人の二大勢力が、それぞれ地盤にしていた。なぜ台与は、ここを逃亡先に選んだのだろう。

海幸山幸神話の中で、天皇家の祖神・山幸彦（彦火火出見尊）をいじめた兄・海幸彦（火闌降命）は、隼人の祖と『日本書紀』は言う。仲が悪かったが、兄弟だったと言っている。また『日本書紀』には、海幸彦は「吾田君小橋《あたのきみおばし》等が本祖」とある。もちろんこの説話は、信じられていないが、南部九州の土着の民と思われる隼人が、なぜ「祖は天皇家と同じ」という特別な位置に押しあげられたのだろう。しかも彼らは、まつろわぬクマソ（熊襲）とも近い関係にある。

隼人と天皇家が不思議な縁で結ばれていることはまちがいない。たとえば神武天皇は成長されると、日向国（宮崎県を含む南部九州）の吾田邑《あたのむら》（鹿児島県南さつま市）の吾《あ》平津媛《ひらつひめ》を娶り手研耳尊《たぎしみみのみこと》を生んだとある。この女性は、隼人出身だろう。くどいようだが、日向は隼人の勢力圏だ。ヤマト建国後も、天皇家は日向や隼人とつながっている。

第十二代景行天皇の妃に「日向髪長大田根《ひむかのかみながおおたね》」がいて、「日向襲津彦皇子《そつびこのみこ》」を生んでいる。第十五代応神天皇の妃は「日向泉長媛《いずみのながひめ》」だ。第十七代履中天皇の即位前紀に刺領巾《さしひれ》という隼人が「近く習《つか》へまつる」とある。

第二十二代清寧天皇元年十月条には、先帝雄略天皇を陵に葬った時、隼人が御陵の脇で泣き続け、食事もとらず七日目に亡くなったため、御陵の北側に手篤く葬ったとある。

隼人は朝廷の儀礼に重用され、吠声を発し、国俗歌舞《くにぶりのうたまい》を奏し、大嘗祭では隼人のつくった竹製品が神聖視され、たとえば「竹製の目籠《めかご》」が神座に置かれた。海幸山幸神話の中で、山幸彦は塩土老翁に誘われて無目籠《まなしかたま》に乗せられて海神の宮に誘われたのだが、これも、竹籠だ。

隼人は海の民で、各地とつながっていた。縄文時代晩期、すでに越（新潟県糸魚川市）のヒスイが南部九州にもたらされている。文様を造るために貝を用いた隼人の市来《いちき》式《しき》土器は、西日本の海岸地帯でみつかっている。すでにこの時代、九州島西側海岸を利用した遠洋航海の道は、完成していたのだ。もちろん阿多隼人の祖が切り開いたのだろう。

弥生時代には沖縄本島でとれるゴホウラ貝を加工し、北部九州や畿内に運んでいる。一部は北海道まで達している。これが「貝の道」だ。すでに述べたように五島列島の海人は隼人によく似ていて、九州島西部の多島海を利用した交流が盛んだったからだろう。「隼人（はやと、はやひと）」の語源にはいくつもの説がある。宇治川は古来急流で知られ（今でも信じがたい流れだ）、歴史時代になると、宇治川流域や山城国《やましろのくに》に隼人は多く住んでいた。「ちはやぶる」「ちはやひと」が「地名の宇治」の枕詞（正確には「宇治の渡し、宇治川」の枕詞）で、その暴れるような川を往き来する水の民だから、「ちはやひと＝隼人」になったとする有力な説がある（宮島正人『海神宮訪問神話の研究』和泉書院）。そのとおりだろう。阿多隼人は海の民として誇るべき「スピード」で移動していたのだろう。そして、特殊な能力を持っていたからだけでなく、ヤマト建国以前からつづく信頼関係があったからこそ、王家は隼人を重用したのだろう。

縄文の海人のネットワークに守られた王権

ヤマトに裏切られた台与（神功皇后）は、縄文海人のネットワークに守られて、南部九州に落ち延びたのではなかったか。日本各地に海人は分布したが、相互の絆は強かった。

氏族や地域の垣根を越えたこのネットワークこそ、海人の真骨頂であり、対馬から鹿児島、南西諸島に伸びる海人の航路を貫いていたのだろう。

台与は最初奴国の海人を頼り、邪馬台国の卑弥呼を殺し、親魏倭王の称号を獲得してしまった。海人のネットワークを掌握していたからこそ、北部九州の台与の政権をヤマトはなかなか潰せなかったのだろうし、魏が滅んだ時点で、ヤマトは台与を裏切り、台与と奴国王は、海人のネットワークを辿り、南部九州に落ち延びたのだろう。

その後、ヤマトは台与の末裔を招き担ぎ上げた。阿曇氏が海人を統率し、縄文の文化を継承する海人や隼人が王の身辺に近侍したのは、王家の危機を守り通した功績を認められたからだろうし、彼らを敵に回せば、流通が滞る弊害があったからだろう。

第十代崇神天皇が神の祟りにおびえ、神を鎮める者を探してヤマトに連れて来させた時、祟る神は「私を祀れば、海外の国々も自ずと靡いてくる」といっている。この言葉は重要で、ヤマト政権は台与を裏切ったために、九州の海人にそっぽを向かれ、朝鮮半島との交流が途絶えてしまったのだろう。もちろん、奴国、壱岐、対馬の海人が、抵抗したのだろうし、あるいは、海人たちは霧散してしまったのかもしれない。朝鮮半島に続く海の道を当たり前のように往き来できたのは、海人たちの経験知があったからで、それを失えば、ヤマトの政権は成り立たなかったのだろう。だからこそ崇神天皇は、「神の祟り（疫病）」を鎮め、海の道を再開するためにも、海人に守られた王を、ヤマトに招き寄せ、手打ちをしたのだろう。もちろん、崇神が恐れたのは、縄文時代から継承されてきた南方系の海人によるネットワークである。

ヤマトに連れて来られた王は、祟る疫神の子であり、疫神を鎮めるために縄文時代から続く聖地・橿原に宮を建て、縄文の習俗を継承する海人に守られて、祭司王に立った……。

隼人が宮門を警護し、元日朝賀や天皇即位、蕃客《ばんかく》入朝に際し楯や矛《ほこ》をもって奉仕し、九州出身の海人たちが天皇家から絶対の信頼を勝ち取っていたのは、一度は敗れ、零落していたヤマトの王家の祖を、彼らが見捨てず、守り抜いてきたからだろう。

おわりに

なぜ、これまでヤマト建国の真相は、解き明かされなかったのだろう。理由ははっきりしている。『日本書紀』などに書かれた神話や古い時代の物語は天皇の歴史を礼讃するための創作で、信用できないと、史学者たちが決め付けてしまったからだ。

しかし、『日本書紀』には、ヤマト建国や天皇家の起源を明らかにするための多くのヒントが隠されていると筆者は考える。そこで、これまでの発掘調査による考古学の様々な発見と、『日本書紀』の記事を照らし合わせることで、ヤマト建国と天皇の謎に迫ったのが本書ということになる。

神武天皇がヤマト建国の地・纒向（奈良県桜井市）ではなく橿原宮（奈良県橿原市）に居を定めたのはなぜなのか、その橿原宮の周辺に九州の海人の末裔が棲みついていた理由は何か。神武天皇の母と祖母を海神の娘とする『日本書紀』の記述は何を意味するのか――。

こうした問いを繰り返すことで、ヤマトがどんな形で建国されたのか、天皇家初代王の実相、そしてそこで重要な役割を果たした海人、さらに奴国、神功皇后、邪馬台国、卑弥呼などの謎についても迫れたのではないかと考えている。

今から二十数年前。まだ駆け出しのもの書きだった小生に、南部九州ご出身の編集者が「古代の天皇を書いてみないか」と持ちかけてきたことがある。結局形にならなかったのだが、彼がふとした瞬間にもらした一言を、いまだに忘れることができない。南部九州の人びとは、「天皇さんには、負けてあげよう」と、今でもそう言い伝えていると、真顔でおっしゃったのだ。

天孫降臨神話が、息づいているということなのだろうか。その時は、気にもとめずにいたが、今になって思えば、そのころから南部九州に何か秘密めいたものを感じていたのかもしれない。

実際に宮崎県や鹿児島県を旅すれば、昨日そこに神武天皇がたたずんでいたのではないかと錯覚しそうな臨場感に満ちた説話や、神々がひょっこりと現われてきそうな不思議な神話が、そこかしこに潜んでいて、驚かされる。

たとえば、鹿児島県大隅半島北西部の「弥五郎ドン伝説」だ。

曽於《そお》市の岩川八幡神社の弥五郎ドン祭りは、ウソかまことか、九百年続いたといい、登場する主役の弥五郎ドン（山車に乗る竹籠の人形）は、約五メートルの巨漢だ。怒っているような凄まじい形相は、まるで鬼だ。矛を捧げ持つ姿は、天孫降臨神話の中で王家の祖を導いたサルタヒコにそっくりだ。

だが地元では「弥五郎ドンは武内宿禰」と伝わる。これは、気になる。蘇我氏の祖・武内宿禰は神功皇后の忠臣で、常に応神に付き従っていた。私見が正しければ、天孫降臨神話は、神功皇后と応神の逃避行であり、南部九州に武内宿禰のモデルとなった何者かがやってきた可能性は高い。

一方、住吉大社（大阪市住吉区）には不思議な伝承が残されている。仲哀天皇が亡くなった晩、神功皇后は住吉大神と夫婦の秘め事をしたというのだ。住吉大神は日本を代表する海の神で、しかも老人なのだが、これは、三百歳の長寿を全うした武内宿禰とよく似ている。しかも仲哀天皇崩御の晩、武内宿禰が神功皇后に近侍していたことは、

『日本書紀』も認めている。いったい、これはなんなのだろう。唐突ながら、この男こそ、王家の男系の祖ではなかったか……。

天皇家の男系の祖は誰なのか。『日本書紀』が抹殺してしまったのならば、荒唐無稽と思われた伝承にも、一度耳を傾けてみる必要があるだろう。次の機会には、その謎解きにもチャレンジしてみたい。

なお、今回の執筆にあたり、新潮社新潮新書編集部の安河内龍太氏、校閲部の山形壮平氏、歴史作家の梅澤恵美子氏に御尽力いただきました。改めてお礼申し上げます。

またこの小稿は、二十数年間の執筆生活の総仕上げと自負していますが、人生の大恩人、新潮社顧問の松田宏氏に、まっ先に読んでいただこうと、筆を進めて参りました。松田さん、良い本になりましたよ。ありがとうございます。

合掌

参考文献

『古事記祝詞』日本古典文学大系（岩波書店）
『日本書紀』日本古典文学大系（岩波書店）
『風土記』日本古典文学大系（岩波書店）
『続日本紀』新日本古典文学大系（岩波書店）
『魏志倭人伝・後漢書倭伝・宋書倭国伝・隋書倭国伝』石原道博編訳（岩波書店）
『旧唐書倭国日本伝・宋史日本伝・元史日本伝』石原道博編訳（岩波書店）
『三国史記倭人伝』佐伯有清編訳（岩波書店）
『先代舊事本紀』大野七三（新人物往来社）
『萬葉集』日本古典文学全集（小学館）
『日本の神々』谷川健一編（白水社）
『神道大系　神社編』（神道大系編纂会）
『古語拾遺』斎部広成著　西宮一民編集（岩波文庫）
『日本書紀　一　二　三』新編日本古典文学全集（小学館）
『古事記』新編日本古典文学全集（小学館）
『農業は人類の原罪である　進化論の現在』コリン・タッジ　竹内久美子訳（新潮社）

参考文献

『倭国』岡田英弘（中公新書）
『倭国の謎』相見英咲（講談社選書メチエ）
『歴史文化ライブラリー329〈新〉弥生時代』藤尾慎一郎（吉川弘文館）
『金印再考』大谷光男（雄山閣）
『古代海部氏の系図　新版』金久与市（学生社）
『日本神話の新研究』松前健（桜楓社）
『日本民俗文化大系5　山民と海人』大林太良他（小学館）
『日本の古代8　海人の伝統』大林太良編（中央公論社）
『縄文の思想』瀬川拓郎（講談社現代新書）
『記紀神話論考』守屋俊彦（雄山閣）
『海と列島文化3　玄界灘の島々』網野善彦・谷川健一・森浩一・大林太良・宮田登編（小学館）
『弥生時代の考古学7　儀礼と権力』設楽博己・藤尾慎一郎・松木武彦編（同成社）
『奴国の滅亡』安本美典（毎日新聞社）
『日本古代国家』水野祐（紀伊國屋新書）
『日本の歴史　02　王権誕生』寺沢薫（講談社）
『古代出雲王権は存在したか』松本清張編（山陰中央新報社）
『遥かなる海上の道』小田静夫（青春出版社）

『倭人と韓人』上垣外憲一（講談社学術文庫）
『埋もれた金印』藤間生大（岩波新書）
『邪馬台国』大林太良（中公新書）
『復元と構想　歴史から未来へ』加藤秀俊・川添登・小松左京監修　株式会社大林組編（東京書籍）
『大和・纒向遺跡』石野博信編（学生社）
『パンツを捨てるサル』栗本慎一郎（光文社）
『文明に抗した弥生の人びと』寺前直人（吉川弘文館）
『海神と天神』永留久恵（白水社）
『海人たちの足跡』永留久恵（白水社）
『海神宮訪問神話の研究』宮島正人（和泉書院）
『魏志倭人伝の考古学』西谷正（学生社）
『弥生の王国』鳥越憲三郎（中公新書）
『葬制の起源』大林太良（角川選書）
『三品彰英論文集　第四巻　増補　日鮮神話伝説の研究』三品彰英（平凡社）
『鳥居龍蔵全集　第一巻』鳥居龍蔵（朝日新聞社）
『日本の神々』松前健（中公新書）
『日本文化の形成』宮本常一（講談社学術文庫）

参考文献

『日本古代の氏族と系譜伝承』鈴木正信（吉川弘文館）
『シリーズ「遺跡を学ぶ」027　南九州に栄えた縄文文化　上野原遺跡』新東晃一（新泉社）
『海を渡った縄文人』橋口尚武（小学館）
『日本の歴史　列島創世記　一』松木武彦（小学館）
『古代史の論点2　女と男、家と村』都出比呂志・佐原真編（小学館）
『ものが語る歴史22　貝の考古学』忍澤成視（同成社）
『日本民族の起源』金関丈夫（法政大学出版局）
『弥生文化の成立』金関恕（角川選書）
『日本人の起源』中橋孝博（講談社選書メチエ）
『古代朝鮮と倭族』鳥越憲三郎（中公新書）
『日本の古代1　倭人の登場』森浩一編（中央公論社）
『古代国家成立過程と鉄器生産』村上恭通（青木書店）
『津田左右吉全集　別巻第一』津田左右吉（岩波書店）
『DNAでたどる日本人10万年の旅』崎谷満（昭和堂）

関 裕二　1959（昭和34）年千葉県生れ。歴史作家。仏教美術に魅せられ日本古代史を研究。『藤原氏の正体』『蘇我氏の正体』『物部氏の正体』（以上、新潮文庫）など著書多数。

Ⓢ新潮新書

763

神武天皇《じんむてんのう》 vs. 卑弥呼《ひみこ》
ヤマト建国《けんこく》を推理《すいり》する

著 者　関《せき》 裕《ゆう》二《じ》

2018年4月20日　発行
2023年12月15日　4刷

発行者　佐　藤　隆　信

発行所　株式会社新潮社
〒162-8711　東京都新宿区矢来町71番地
編集部(03)3266-5430　読者係(03)3266-5111
http://www.shinchosha.co.jp

印刷所　株式会社光邦

製本所　株式会社大進堂

ISBN978-4-10-610763-4　C0221